KB220976

MEAN

살아있는 모든 것에 들어있는 그분의 메시지

God Speaks Through Animals

Copyright ⓒ 2021 by Sandeep Poonen

Originnally published in 2021 by CFC in Bangalore, India.

This book was published with the permission of CFC in Bangalore, India. All sales of this book will be donated to missionaries and charity.

이 책은 인도 방갈로르에서 CFC의 허락를 받아 출판되었습니다. 이 책의 판매의 수익금은 선교사들과 자선단체에 기부될 것입니다.

MEAN 살아있는 모든 것에 들어있는 그분의 메시지

초판 1쇄 인쇄 2023년 3월 15일
초판 1쇄 발행 2023년 3월 20일

지은이 샌디프 푸넨
옮긴이 김대웅
펴낸이 백도연
펴낸곳 도서출판 세움과비움

신고번호 2012-000230호
주 소 서울시 마포구 양화로길 73 6층
Tel. 070-8862-5683
Fax. 02-6442-0423
seumbium@naver.com

ISBN 978-89-98090-43-2 03200

값 16,700원

MEAN

살아있는 모든 것에 들어있는 그분의 메시지

샌디프 푸넨 지음 / 김대웅 옮김

세움과비움
Seum&Bium

왕들은 주로 나를 타고 다니는데 이분은 완전히 다르다.
이분은 내가 아닌 나귀를 택했다!

동물들이 외치는 침묵의 소리

> 인간이여, 당신이 나를 때려서 내가 일어나도록 만들려 한다니 믿을 수
> 없네. 내가 일어나면 그대에게 무슨 일이 생길지 알고나 있나? 장담컨
> 대, 그런 일이 일어나지 않는 게 나을 텐데!

'민수기' 22장은 발람(Balaam)과 그의 나귀에 대한 흥미로운 이야기를 들려준다.[1] 발람은 이스라엘 백성들을 저주하려는 발락 왕을 도우러 가는 길이었는데, 이를 보고 노한 하나님께서 발람 앞에 천사를 내려보내셨다. 발람은 천사를 보지 못했지만, 천사를 본 나귀는 영민하게도 그 자리에 멈추어 섰다. 나귀가 고집을 부린다고 생각한 발람이 나귀를 때리자 그 때,

민 22:28

여호와께서 나귀 입을 여시니 발람에게 이르되 내가 당신에게 무엇을 하였기에 나를 이같이 세 번을 때리느냐.

---

1) 이집트를 탈출한 이스라엘이 모압 벌판에 도착하자, 모압 왕 발락이 두려움을 느끼고 백성을 저주하려고 발람을 초대했다. '발라'는 '삼키다', '암'은 '친족'을 뜻하므로 발람은 '친족을 삼키는 자', '파괴자'를 뜻한다. 비록 이방인 예언자였지만 『민수기』에서는 그가 하나님의 신탁을 듣는다. 발람이 발락을 따라가지 말라는 주님 대답을 듣고 청을 거절하자, 발락은 극진한 보답을 보장하며 다시 꼬드긴다. 이에 마음이 동한 발람이 주님 신탁을 재차 확인하니, 이번에는 따라가도 좋다는 대답이 내려 나귀와 함께 길을 나섰다.
그런데 별안간 주님의 천사가 그 길을 막아선 것이다. 천사를 본 나귀가 비켜나서 밭으로 가자, 발람이 나귀를 때린다. 그의 눈이 가려 나귀도 본 천사를 못 본 탓이다. 이때 주님께서 나귀의 입을 풀어 주시니, 나귀는 영문도 모르고 자기를 세 번이나 때린 발람에게 꾸짖듯이 하소연한다. 발람은 칼만 있었어도 말대꾸하는 나귀를 죽였으리라고 위협하지만, 저주의 '말'로 이스라엘을 해하기 위해 고용된 그가 언변으로 나귀를 당해내지 못한 건 역설적이다. 게다가 나귀를 죽이려면 '칼'이 필요했다. 발람은 주님께서 눈을 열어 주셨을때에야 천사를 알아보고서 나귀 덕에 목숨을 구하게 되었음을 깨닫게 된다.

뱀이 이브에게 말을 걸었던 에덴동산 이야기 이후, 인간의 말을 하는 동물이 성경에 나온 것은 이때가 유일하다.

하지만 나는 동물들이 침묵 속에서도 계속 말을 하고 있다고 본다. 나는 동물들이 그들의 태도와 행동을 통해 우리 창조주에 대해 말하고, 우리가 피조물로서 공유하고 있는 특징들을 보여주고 있다고 생각한다.

종종 나는 오직 인간만이 에덴동산의 타락에 의해 영향을 받았다고 생각한다. 하지만 다른 모든 피조물이 영향을 받았으니 그건 사실이 아니다. 바울은 '로마서' 8장 20-22절에서 이렇게 말한다.

20 피조물이 허무한 데 굴복하는 것은 자기 뜻이 아니요 오직 굴복하게 하시는 이로 말미암음이라
21 그 바라는 것은 피조물도 썩어짐의 종노릇 한 데서 해방되어 하나님의 자녀들의 영광의 자유에 이르는 것이니라
22 피조물이 다 이제까지 함께 탄식하며 함께 고통을 겪고 있는 것을 우리가 아느니라

모든 피조물은 무용의 삶으로부터 자유를 얻기를 "신음하며" 열망하고 있다. 하지만 슬프게도 오늘날 세상에서 인간의 모든 "신음"은 신시대의 영성과 상대주의의 공상적인 개념들, 그리고 통속 심리학으로 인해 마비가 된 것 같다. 그런 세상에서 자유에 대한 우리의 근본적인 갈망을 기억하려면 아마도 다른 모든 피조물들의 신음이 있어야 할 것이다.

우리의 뇌와 관련된 그 어떤 진화의 증거를 제시하던 간에, 하나님에 대한 우리의 순수한 맹목은 중요한 것들에 대해 심히 퇴보해있는 정신을 드러낸다. 우리 인간들은 동물들의 눈에는 쉽게 보이는 것들을 종종 보지 못한다. '이사야서' 1장 2-3절에도 이것이 잘 드러나 있다.

2 하늘이여 들으라 땅이여 귀를 기울이라 여호와께서 말씀하시기를 내가 자식을 2)양육하였거늘 그들이 나를 거역하였도다
3 소는 그 임자를 알고 나귀는 그 주인의 구유를 알건마는 이스라엘은 알지 못하고 나의 백성은 깨닫지 못하는도다 하셨도다

3,000년 전의 이사야가 오늘날 하나님의 사람들이 얼마나 눈이 멀어 있는지를 본다면 아마 충격을 받을 것이다. 동물들이 보는 것을 우리 또한 볼 수 있도록 다시 눈을 뜨려면 진정으로 하나님이 필요하다.

우리의 진정한 "지배자"가 누구인지, 우리에게 "밥을 먹이시는" 손이 누구의 것인지, 그리고 우리에게 무엇이 우선(하늘의 사항들)이며 무엇이 나중인지를(세속의 사항들) 깨닫게 하실 수 있는 유일한 분이 누구인지를 말이다.

따라서 나는 다양한 동물들과 그들의 행동을 관찰해보기로 했다. 동물들로부터 우리의 하나님과 우리 자신에 대해 배울 수 있다는 것이 놀라운 일이다. 이 글이 움직이는 곤충, 자라는 나무, 먹이를 찾는 까마귀 등 이 세상에서 당신의 주변에 존재하는 창조주에 대한 영감을 줄 수 있기를 바란다.

이것이 바로 우화를 통한 예수님의 가르침의 근본이다. 많은 사람들이 매일 새와 물고기와 양과 나무와 무화과나무를 본다. 사람들은 이 모든 것을 먹을 것과 돈을 벌기 위한 수단으로 바라본다. 예수님께서도 우리와 같은 것들을 보셨지만 그분은 하나님에 대한 믿음으로 가득하셨기 때문에, 하나님께서 자기 자신에 대해 그리고 우리가 그분과 함께 있어야 할 곳에 대한 말씀을 전하시는 것을 보셨다. 나는 우리의 창조주에 대해 알기 위한 수단으로서 그분의 피조물들을 보고 소통할 때, 우리가 하나님의 말씀을 발견하는 기회를 가질 수 있다고 생각한다.

발람의 이야기는 '민수기' 22장 31절에서 다시 이어진다.

"그 때에 여호와께서 발람의 눈을 밝히시매 여호와의 사자가 손에 칼을 빼들고 길에 선 것을 그가 보고 머리를 숙이고 엎드리니"

하나님께서는 나귀를 통해 발람이 이전까지 보지 못했던 천상의 현실을 보여주셨다. 우리 또한 동물들과 그들의 행동으로부터 하늘의 가치를 다시 배울 수 있게 되기를 바란다. 이 이야기들을 통해 우리는 하나님의 충직함과 우리의 어긋난 성향에 대해 배움으로써 우리 자신의 믿음을 다지게 해주기를 바란다. 우리가 지금까지 보지 못했던 하나님의 모습에 대해 눈을 뜨게 될 것이다.

이러한 성찰이 모든 이들에게 축복과 영감이 되길 바란다.

제1장

사소한 죄에 익숙해지는 것이 지옥으로 가는
가장 안전한 길이다

수온이 매우 적정한 온도에서 아주 점차적인 상승을 느끼지 못하는 사이에 물이 끓는 점(沸騰點)에 다다르면 개구리는 나올 생각을 하지 못해 결국 죽음에 이르게 된다.

frog 개구리

1800년대 후반, 개구리의 신경계가 다양한 자극에 대해 어떻게 반응하는지를 확인하기 위한 연구들이 이루어졌다. 미국의 최고 대학 중 하나인 〈존스 홉킨스 대학교〉에서 실시한 연구 결과는 다음과 같다. "수온이 아주 서서히 상승한다면 살아있는 개구리는 움직이지 않고 삶아질 수 있다. 한 실험에서 수온을 1초에 0.002℃씩 상승했더니 2시간 반이 지난 후 개구리가 아무런 움직임도 없이 죽은 채로 발견되었다."

(1882년의 실험은 다음에서 인용했다. Sedgwick, On the

Variation of Reflex Excitability in the Frog induced by changes
of Temperature, Stud. Biol. Lab. Johns Hopkins University, 1882:
P.385)

물론 나는 이와 같은 사실을 실험을 통해 증명하는데 아무런 관심이
없다. 이 결과에 대해 몇몇 연구자들의 논쟁이 오가고 있다고 알고 있
지만, 그런 일은 전문가들에게 맡길 일이다.

그럼에도 불구하고 나는 개구리에 대한 이 흥미로운 이야기로부터
교훈을 얻을 수 있다고 생각한다. 개구리를 뜨거운 물에 바로 넣어버
리면 수온이 자신에게 위험하다는 것을 깨닫고 얼른 뛰쳐나올 것이다.
하지만 처음 수온이 개구리에게 적절한 정도였다면 수온의 완만한 상
승을 감지하지 못해 뛰쳐나오지 못할 것이다.

처음의 수온이 매우 적정한 온도였고 수온의 아주 점차적인 상승을
느끼지 못하는 사이에 물이 끓는 점(沸騰點)에 다다랐기 때문에 개구
리는 죽고 말았다.

인간은 그렇지 않을 것이다. 우리는 수온의 상승을 신체적으로 감지

할 수 있고, 물을 아무리 천천히 가열하더라도 너무 뜨거워지면 즉시 빠져나올 수 있다. 하지만 나는 흥미롭게도 개구리들의 이런 행동이 인간의 행동과 평행선에 있으며, 하나님과의 영적 동반에도 반영되어 있다고 생각한다.

나는 이 이야기에서의 물이 이 세계와 그 안의 미혹(迷惑)들을 나타낸다고 생각한다. 기독교인이 되면 이 세상에서 우리가 반드시 피해야 할 몇 가지 미혹들이 있다는 것을 금방 깨닫는다. 예를 들어, 기독교인이 되기 전에 다른 사람의 물건을 훔치곤 했다면, 이제 기독교인이 되었으니 그렇게 행동하면 안 된다는 것을 금방 알게 된다. 다른 사람들과 싸우고 폭력을 휘둘렀다면, 그것은 예수님의 방식이 아니라는 것을 알게 된다. 그리고 간통을 저지르는 것이 아무렇지 않다고 여겼다면, 그것은 하나님 앞에서 무거운 죄를 지었다는 것을 금방 깨닫게 된다.

그래서 사탄은 단지 나에게 다른 사람들을 때리거나 도둑질을 하거나 간통을 저질러도 괜찮다고 말해주는 것만으로는 나의 신앙을 무너트릴 수 없음을 알고 있다. 설령 기독교인으로서 그런 곳에 빠지더라도, 그것은 하나님께서 명하신 대로 살고 있지 않다는 것을 금방 깨닫게 될 것이다. 그러한 역겨운 죄를 범하는 것은 개구리가 끓는 물에 빠지는 것과 비슷하다. 그 안에 빠지더라도 얼른 뛰쳐나올 것이다.

때문에 사탄은 그런 식으로 시작하지 않는다. 사탄은 이런 죄악의 씨앗으로 나를 유혹하기 시작한다. 간통을 예로 들어보자. 이 죄악의 씨앗은 성욕이다. 그것은 하나님께서 내게 허락하지 않으신 여인에 대해 성적 욕망을 품는 죄악이다. 따라서 사탄은 알고 있는 다른 여성과 간통을 저지르라고 나를 꼬드기는 것이 아니라, 단지 내가 성적인 즐거움을 얻기 위해 그녀를 계속해서 바라보게 만들려 할 뿐이다. 그렇기 때문에 나는 그녀 옆을 지나갈 때마다 그녀의 아름다움을 탐닉하고 나의 마음은 그녀의 아름다움에 사로잡혀 있다.

처음 이런 행동을 할 때면 나의 아내가 아닌 여인을 그런 식으로 바라보아서는 안 된다는 양심의 작은 가책이 든다. 나의 딸이나 누이를 누군가가 그런 식으로 대하는 것을 나도 바라지 않는다는 것을 나의 양심이 나 자신에게도 일깨워준다. 그래서 때때로 나는 나의 행동이 죄악이라는 것을 깨닫고 후회한다. 하지만 그녀의 아름다움을 성적으로 탐닉하는 것은 대수로운 일이 아니라고 나 자신을 천천히 합리화할 수도 있다.

그리고 서서히 그녀를 향한 반복된 시선은 (물론 그녀는 알아채지 못한다) 나에게 점점 더 익숙해져 그녀를 바라보는 행동을 더이상 불편하게 느끼지 않는다. 그리고 시간이 지날수록 그런 식으로 다른 여성들을 쳐다보는 것이 더욱 흔한 일이 되고 부끄러움도 느끼지 않게 된다.

이런 일이 약 2~3년 동안 반복되면 한 여인에게 매력을 느끼고 그녀도 나를 좋아하게 될지 모른다. 대화를 나누기 시작하고, 나도 모르는 사이에 우리는 더 많은 시간을 함께 보내게 된다. 처음에는 큰 의미 없는 대화들로 시작했지만, 그녀가 자기 삶의 힘든 점들을 나에게 말해주거나 내가 그녀에게 마음속 깊은 고통을 털어놓으면서 우리는 감정적인 연결을 맺는다. 이때 나는 내가 하고 있는 행동이 잘못된 것이라고 말하는 양심의 가책을 다시 한 번 느끼게 된다. 하지만 이 여인과 대화를 나누는 것이 정말 좋기 때문에 그 경고를 무시한다. 또한 이 우정을 갑자기 끊어버리는 것이 상황을 어색하고 불편하게 만들지도 몰라 염려된다. 그리고 가장 큰 이유는 나 자신이 이건 건전한 우정이지 그 이상은 아니라고 스스로 합리화하고 있기 때문이다. 하지만 수많은 사람들이 저지른 실수들로 미루어 보아, 우리는 이 모든 것들이 언젠가 불륜으로 이어지는 전 단계라는 것을 알고 있다. 많은 사람들이 이런 식으로 조금씩 더 큰 죄악에 익숙해지도록 유혹당하고 있다.

내가 앞서 말한 것들이 대단한 발견이라고 생각하지는 않는다. 우리가 저지르고 있는 큰 죄악을 떠올리면 어쩌다 일이 그렇게 되었는지 의아해한다. 하지만 정직하게 우리의 삶을 되짚어 본다면 수많은 작고 사소한 선택들이 우리를 그토록 큰 죄악으로 이끌었다는 사실을 알 수 있다.

이와 비슷하게, 하나님과 아주 가까운 존재라고 생각했던 목사나 지도자가 어느 날 갑자기 불륜을 저질렀거나 엄청난 액수의 돈을 횡령했다는 사례들을 들어보았을 것이다. 그토록 대단한 치유와 설교의 재능을 가진 자에게 그런 일이 일어났다는 사실이 우리 모두를 큰 충격에 빠트린다. 그리고 그처럼 축복받은 기독교인조차 자제하지 못했다면 평범한 우리들에게는 희망이 없다는 생각이 들 수도 있다.

하지만 그건 사탄의 거짓말이다. 우리가 다른 이들의 숨겨진 내면의 삶에 대해 알지 못하기 때문에 그 누군가의 타락에 대해서도 놀랄 일은 아니다. 하지만 어떤 영적인 축복을 받았건 간에 모든 사람에게 적용되는 한 가지 사실에 대해선 확신할 수 있다. 우리가 사소한 죄악을 내버려둔다면 그것들을 계속 저지르는데 점점 익숙해질 것이고, 그것은 언젠가 우리가 더 큰 죄악을 저지르도록 이끌 것이다.

악마의 계획은 우리가 사소한 죄악에 익숙해지면서 서서히 미온한 상태에 빠지도록 유혹하는 것이다. 악마는 이런 계획이 성공만 하면 이 세상의 모든 영혼들을 자기 안으로 끌어들여 가장 역겨운 죄악을 범하게 만들 수 있다는 것을 알고 있다. 그렇게 되면 이 세상에 존재하는 것들에 대한 미혹을 끌어올려 그것에 대한 우리의 관심도 서서히 끌어올릴 수 있다는 것을 알고 있다. 그러면 그는 앉아서 기다리기만 하면 된다. 우리가 마음속으로 생각만 하던 죄악을 실제로 범하고, 지금은 상상할 수도 없는 일들을 언젠가 저지르게 되는 건 시간문제다.

그러므로, 예수께서 '마태복음' 5:27-28

또 간음하지 말라 하였다는 것을 너희가 들었으나 나는 너희에게 이르노니 음욕을 품고 여자를 보는 자마다 마음에 이미 간음하였느니라.

라고 말씀하신 것이 진실임을 알 수 있다. 예수님은 대상이 없는 성욕의 죄가 결국 간통의 죄로 이어지기 때문에, 우리가 간통의 죄뿐만 아니라 성욕의 죄로부터도 스스로를 지켜야 한다고 분명히 말씀하고 계신다.

이와 관련하여 영국의 학자이자 소설가인 C.S. 루이스(Clive Staples Lewis)는 『스크루테이프의 편지』(The Screwtape Letters)에서 이렇게 말했다. "지옥으로 가는 가장 안전한 길은 완만한 길이다. 완만한 경사와 부드러운 땅에, 급선회도 이정표도 표지판도 없는 그런 길 말이다." 물론 경사로가 지옥으로 가는 가장 매혹적인 길은 아닐 것이다. 내가 보기에 지옥으로 가는 가장 이상적인 길은 급선회로도 없는 완만한 경사로이다.

그러니 개구리의 이 비극적인 이야기로부터 교훈을 얻어야 한다. 나는 하나님께서 신앙의 길을 걷는 우리 앞에 가로놓인 함정에서 우리를 구해주시기를 바란다. 하나님에 대한 붉고 뜨거운 사랑을 부단히 지켜내고, 우리의 삶에서 "사소한 죄악"을 마주했을 때 분명히 역겨움을 느끼도록 하자. 그러면 하나님께서 우리를 더 크고 명백한 죄악으로부터 지켜주실 거라는 믿음을 가질 수 있을 것이다.

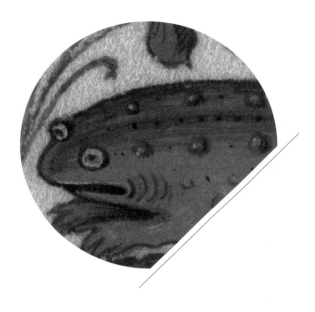

『피지올로구스』(그리스어; Φυσιολογος / 라틴어; Physiologus)는
AD. 2세기 알렉산드리아에서 작자 미상의 기독교인들이 당시 세상에
유포되던 구두 전승을 그리스어로 엮어 펴낸 그림책이다. 초기에는 다
양한 동물, 식물, 광물을 상징화, 우화화하여 종교적 전통 속에 자리매
김함으로써 기독교 세계의 재구성을 목적으로 했는데, 중세 유럽에서
는 일반인들이 성경을 쉽게 읽을 수 있도록 만들어진 일종의 그림 교

본이 되었다. '피지올로구스'는 그리스어로 '자연을 아는 자', 즉 '박물학자'라는 뜻이다.

『피지올로구스』제29장에는 개구리에 대한 설명이 실려있다.

박물학자 피지올로구스는 뭍개구리가 태양열이나 불길을 충분히 견뎌내는 능력이 있다고 말한다. 그러다 갑자기 소나기가 몰아치면 죽고 만다. 그러나 물개구리는 물 밖으로 나왔다가 햇볕이 따가워지면 곧바로 물속으로 뛰어든다.

교회의 분깃인 여러분들 중 용감한 자는 뭍개구리와 같아 온갖 시험의 열기를 능히 이겨낸다. 그러다가 박해가 몰아쳐 여러분의 의로움을 시험할 때면 의연하게 죽음을 맞이한다. 그러나 이 세상 자식들은 물개구리와 같다. 시험과 욕망의 열기가 조금이라도 쪼이면 제풀에 넘어가고 만다. 또 육체의 욕정에 풍덩 뛰어드는 꼴이 물개구리와 같지 않은가.

제2장

천사는 하나님과 나와의 시간을 방해받지

않도록 사탄과 마주한다

'시편' 34편 7절

여호와의 천사가 주를 경외하는 자를 둘러 진치고
그들을 건지시는도다

musk-ox 사향소

기도는 참으로 신비롭다. 나는 종종 여러 가지 측면에서 기도에 대해 생각한다. 어떻게 기도해야 하는지, 무엇을 기도해야 하는지, 얼마나 자주 기도해야 하는지와 기도의 신비에 대해 숙고하는데 꽤나 많은 시간을 보냈다. 돌이켜보면, 차라리 그 시간을 실제로 기도하는데 사용하는 것이 더 나았을 뻔했다. 그럼에도 기도는 여전히 신비하다. 하지만 나는 사실 기도의 신비에 대해 크게 신경 쓰지 않는다. 나는 영성이라는 것이 잘 정리된 어떠한 공식, 방법, 또는 규칙을 통해 완전히 설명되지 않는다는 사실이 좋다.

　내 생각에는 나의 신앙생활이 하나님을 위한 종교가 아니라 하나님과의 관계라고 생각할 때 기도의 신비를 더 잘 파악할 수 있는 것 같다. 인간이 맺고 있는 모든 특별한 관계에는 분명 어떠한 신비로운 측면이 있다. 따라서 내가 하나님과 맺고 있는 관계 속에는 나의 기도 생활이 그 신비를 가장 잘 구현하고 있다. 기도는 나와 그리스도 사이의 동지애와 친밀함을 가장 잘 심화시켜주는 활동이다.

　기도가 중요하다는 것은 모두가 알고 있는 사실이다. 우리는 기도를 함으로써 예수님에 대해 배우고 때로는 밤을 새워가며 기도에 시간을 쓰기도 한다. 우린 아주 독실한 기도 생활을 보낸 하나님의 성자들에 대한 이야기를 읽었거나 들어보았을 것이다.

　하지만 시간을 내서 기도를 하는 것은 매우 어렵다. 또한 기도를 하려고 해도 무슨 말을 해야 할지 생각이 나지 않거나, 기도하는 것이 지루하고 졸음을 유발하기도 한다. 우리는 진심으로 기도하고 싶어 하고 기꺼이 더 많은 시간을 기도를 위해 쓰고 있지만, 기도가 습관처럼 익숙해지는 것은 그리 쉽지 않다.

수년간의 시간을 거친 지금도 여전히 나는 기도가 사랑의 노동처럼 느껴진다. 종종 나의 기도 생활은 아주 조금의 영감과 아주 많은 노력에 의해 이어진다고 느껴진다. 때문에 나는 기도를 위한 영감이 더욱 자연스럽게 떠오를 수 있기를 하나님 앞에 기원한다. 그리고 이 구절을 읽었을 때 그 영감을 얻을 수 있었다.

시편 34:7

여호와의 천사가 주를 경외하는 자를 둘러 진 치고 그들을 건지시는 도다

이 구절을 읽자 하나님께서 우리의 기도를 장려하기 위해 하시는 일에 대한 아름다운 그림이 떠올랐다. 내 머릿속에는 보호원(保護圓)의 이미지가 떠올랐는데, 『내셔널 지오그래픽』에서 읽은 적이 있는 사향소에 대한 이야기가 생각났다.

그전까지 나는 사향소에 대해 아무것도 몰랐고 아마 당신도 그럴 것이다. 사향소는 황소처럼 생겼지만, 오히려 양과 염소에 더 가까운 종이다. 얼어붙은 북극 지역에서만 발견되며 다 자란 사향소는 높이가 약 2m, 무게는 무려 450kg에 달한다. 하지만 사향소에 대해 내가 주목하는 것은 그들이 적으로부터 스스로를 방어하는 방법이다.

　늑대나 들개들의 습격을 받으면 나이가 많은 사향소들은 보호원을 만들어서 어린 사향소들이 그 안에 들어가 몸을 웅크리고 모여 있게 한다. 나이 많은 사향소들은 이 위협적인 원을 만들고 밖에 있는 포식자들을 똑바로 노려본다. 들개나 늑대가 원 쪽으로 가까이 다가오면 사향소들은 큰 몸집과 뿔을 이용하여 포식자들이 연약한 새끼들에게 다가가지 못하도록 막는다.

　그 거대한 동물들이 두려움도 잊은 채 서로 어깨를 맞대고 서서 포

악한 적들을 노려보고 있는 모습이 아직도 잊히지 않는다.

그래서 우리가 기도하는 동안 하나님의 천사가 우리 주위에 보호원(保護圓)을 그린다는 구절을 읽었을 때 다 자란 사향소들이 어린 새끼들을 지키기 위해 서 있는 이 사진이 떠올랐다.

하나님의 천사들이 무릎을 꿇고 기도하는 내 주위에 이처럼 위엄 있는 보호원을 만드는 모습을 떠올려 보았다. 마치 늑대 앞에 놓인 어린 사향소들처럼 나는 악마와 그의 힘에 대적할 수 없다. 인간이 존재하기 훨씬 전부터 적은 이 세상에 존재했고, 그는 아담과 이브가 있던 시기부터 신앙에 대한 인간의 모든 노력을 쉽게 기만해왔다.

사탄은 기도에 대한 나의 진실한 노력을 가장 두려워한다. 진실한 기도는 나와 하나님과의 관계를 이어가려는 나의 근본적인 갈망이다. 악마는 기도를 통해 굳게 맺어지는 친밀한 유대와 나와 하나님 사이의 정직한 대화에 대해 알고 있다. 그는 무엇보다도 진실하고 신실한 기도가 예수님과 나의 동지애를 심화시킨다는 것을 알고 있다. 때문에 악마는 기도하는 순간에 나를 공격하려고 노리고 있다.

그러므로 내가 나의 하나님께 이야기를 하려 할 때 그분께서는 보호의 힘을 발휘하여 그 순간을 지켜내신다는 것을 깨닫는 것은 매우 고무적이다. 하나님께서는 나와 그분의 시간을 지키기 위해 천사들을 보내신다.

나는 무릎 꿇고 기도할 때 하나님께서 행동하신다는 것을 전혀 알지 못했다. 하나님은 그저 내 말을 들어주시는 것에 그치지 않으신다. 또한 나는 하나님께 기도할 때 내가 강한 보호를 받고 있다는 것을 깨닫지 못했다. 내가 하나님께 첫 마디를 꺼내기도 전에 그분은 천사들을 내려보내 내 주위를 둘러싸고 보호원을 세우도록 하신다.

포식자로부터 새끼들을 보호하는 성인 사향소처럼, 주님의 천사는 나와 하나님의 시간이 방해받지 않도록 악마와 그의 힘 앞에 마주보고 선다. 나는 이 세계의 근심과 다른 유혹에 의해 방해받을 수도 있다. 하지만 그 순간만큼은 하나님에 대한 강한 맹세를 지킬 수 있다.

하나님께서 나와의 시간을 얼마나 소중히 생각하시는지 알게 되는 것은 너무나 엄청난 일이다. 내 머릿속에 있는 그림을 내가 제대로 묘사했는지는 모르겠지만, 나에게는 너무나도 감동적이고 고무적인 모습이다.

따라서 우리는 이것을 절대 잊어서는 안 된다. 성인 사향소들이 새끼들을 보호하듯, 주님의 천사들도 우리 주위에서 우리를 보호하고 있다는 사실을 모두가 생각하면서 기도하길 바란다. 하나님께서 나와의 정직하고 신실한 대화 시간을 얼마나 원하시고 소중히 생각하시는지 깨달음으로써 우리가 더 많이 기도할 수 있는 영감을 얻기를 바란다.

하나님의 사람이여, 네가 무릎을 꿇고 기도하고 있을 때 하나님께서는 너와 이야기를 할 수 있음에 얼마나 기뻐하시는지 본 적이 있는가? 우리 하나님은 정말 엄청나신 분이다. 사향소에 깃든 하나님은 우리가 대화를 나누어야 할 분이다.

제3장

헌신, 그분에 대한 헌신은 나의 모든
말과 행동을 이긴다

"기다려!"

"이건 내가 좋아하는 먹이이고 내 밥그릇에 그녀
가 직접 놓아 주었는데, 왜 이걸 바로 먹지 말라고
하는지. 하지만 그녀는 내 주인이고 "기다려"라고
말했으니, 먹으라고 할 때까지 기다려야지."

dog 개

예전에 아내 로라(Laura)와 함께 미국에 있는 장인어른 집을 방문한 적이 있다. 장인 가족들과 일주일 동안 아주 좋은 시간을 보냈는데, 그동안 장인 가족들이 키우는 개의 놀라운 행동을 보면서 하나님에 대해 깨달은 것이 있다.

로라의 친정은 8년이 넘게 비글 한 마리를 키우고 있는데, 훈련을 잘받아 아주 순종적이다. 명령에 따라 많은 것들을 할 수 있도록 훈련을 받은 개였다.

　인도에서 자라면서 내가 본 개들은 대부분 길 잃은 개들이었기 때문에 나는 개를 무서워하곤 했다. 길 잃은 개들로부터 순종과 친근함을 기대할 수 없기 때문이다. 하지만 미국에 와서 보니 개들이 얼마나 순종적이고 친근한 동물인지 알게 된 후로는 개들을 정말 좋아하게 되었다. 그리고 로라의 가족들과 지내는 동안 그 정확한 사례를 직접 보았다.

　점심 식사 즈음 로라가 밥을 꺼내 주었다. 보통은 그릇에 밥을 놓아주면 개들은 곧장 달려들어 먹기 시작한다. 하지만 그날은 개가 밥그릇 쪽으로 가자 로라가 "기다려!"라고 말했다. 그러자 개는 즉시 밥그릇 앞에 멈추어 서서 밥에는 입도 대지 않은 채 로라를 올려보았다.

　그 개의 행동에 아무런 잘못도 없다는 걸 당신도 알 것이다. 그릇에 담긴 밥은 분명 개의 밥이었다. 집에 다른 개가 또 있었던 것도 아니므로 그 밥은 바로 그 개를 위한 것이었다. 뿐만 아니라 그때는 개가 점심을 먹을 시간이었기 때문에 밥을 기다리고 있던 중이었다. 아마 밥먹을 생각을 하며 침까지 흘리고 있었을 것이다. 따라서 어느 측면에서 보나 기다리라는 명령은 말도 안 되는 것이었다.

하지만 그 개는 로라가 "기다려"라고 말하는 것을 듣고는 즉시 멈추어 섰다.

여기부터가 더 흥미롭다. 로라는 개에게 "기다려"라고 다시 한 번 말하고는 방을 나가버렸다. 그사이에 나는 개가 눈치 채지 못하도록 뒤 창문을 통해 조용히 이 광경을 지켜보고 있었다. 로라가 방을 나간 후에 무슨 일이 벌어질지 정말 궁금했다.

만약 나였으면 어땠을지 알고 있다. 내가 어렸을 때 어머니가 무언가를 하지 말라고 일러두고 방을 나서면, 어머니가 확실히 방을 나갔다고 안심할 수 있을 때까지 잠자코 기다렸다가 이내 내가 하고 싶은 대로 하곤 했었다.

하지만 이 개는 그 자리에서 가만히 기다렸다. 심지어 밥을 쳐다보지도 않았다. 아마도 음식의 유혹을 참고 싶어서 그랬을 것이다. 그 개는 똑바로 앞만 보고 있었다. 로라가 나간 지 몇 초가 지났지만 놀랍게도 개는 계속 앞만 보고 있었다.

2~3분 쯤 지났을 때 로라가 부엌으로 돌아왔다. 그녀는 개를 향해

마침내 "좋아! 먹어!"라고 말하자 개는 즉시 고개를 숙여 밥을 먹어치우기 시작했다. 나는 이 모든 일들이 정말 놀라웠다. 그 개의 행동을 보며 크게 감명 받았는데, 그 이유는

1) 그 개는 로라가 방에 없는 동안에도 그녀가 시키는 대로 행동했다.

2) 그 개는 명백히 자기 것인 밥을 먹지 말라는 명령에도 따랐다. 그때는 점심시간이었고 그릇에 놓아준 음식은 분명히 개밥이었기 때문에 그걸 먹지 말고 기다리라는 로라의 명령은 말이 안 되는 것이었다.

이러한 복종이 얼마나 어려운 것인지 이해하는 사람이라면 누구나 이 개의 행동을 보고 놀랄 것이다. 아무도 보는 사람이 없을 때, 그리고 어떤 행동을 하는 것이 합당한 경우에는 더욱 유혹을 뿌리치기 어렵다.

하지만 나는 이 광경을 보며 지도자와 제자 사이의 관계에 대한 배움을 얻었다. 개의 입장에서 로라는 그의 지도자이다. 따라서 지도자에게 복종은 그 무엇보다도 중요하다. 그 개는 밥이 오직 개들을 위한 음식이라는 사실, 또는 살기 위해 밥을 먹어야만 한다는 사실 등을 생각하지 않았다. 개의 입장에서 "기다려"라는 지도자의 명령은 다른 모

든 것들을 하찮은 것으로 만들 정도로 중요했다.

그러나 우리 인간이라면 상황이 다를 것이다. 우리가 섬기는 하나님과 함께 하는 우리의 삶에 대입해보면 상황이 달랐을 것이 분명하다. 태초에 이브는 그녀 자신의 논리를 따르기로 결심했다.

창세기 3:6에 이렇게 쓰여 있다.
여자가 그 나무를 본즉 먹음직도 하고 보암직도 하고 지혜롭게 할 만큼 탐스럽기도 한 나무인지라 여자가 그 열매를 따먹고 자기와 함께 있는 남편에게도 주매 그도 먹은지라

이브가 열매를 따서 먹은 데는 몇 가지 타당한 이유가 있었지만, 문제가 하나 있었다. 그녀의 이성은 그 열매를 먹지 말라는 지도자의 분명한 명령에 완벽히 모순되는 것이었다.

나도 이브와 같은 문제를 겪고 있다. 나의 주인이신 예수님의 명령을 따르지 못하게 나를 방해하는 것들이 항상 악한 존재만은 아니다. 오히려 그것들은 논리적이고 잘 만들어진, 심지어 합리적인 생각이다. 예를 들어 내가 이 세상에서 어떻게 살아가야 하는지, 나의 시간을 어뗗게 보내야 하는지, 또는 내가 하나님을 위해 무엇을 해야 하는지 등에 대한 것들이다.

하지만 이런 생각들을 예수님에 대한 헌신보다 우선시한다면 이런 생각들이 나의 신앙생활에 해가 된다는 생각이 든다. 나는 하나님에 대한 나의 헌신을 얼마나 잘 유지하고 있는지 보다 내가 하나님을 위해 얼마나 잘 행동하고 있는지를 스스로 평가하는데 더 많은 시간을 보낸다.

고린도후서 11:3
뱀이 그 간계로 하와를 미혹한 것 같이 너희 마음이 그리스도를 향하는 진실함과 깨끗함에서 떠나 부패할까 두려워하노라.

그 개가 주인의 명령에 따르는 모습을 보면서 나는 헌신에 대한 깨달음을 얻었다. 나는 신앙생활의 가장 귀중한 자산이 바로 예수님에 대한 나의 헌신이라는 것을 깨달았다. 하나님의 시선에서 보면 그분에 대한 헌신은 내가 하는 모든 말과 행동을 이긴다. 그 언행이 그분을 위해 그분의 이름으로 이루어진 것일지라도 말이다.

때문에 내가 예수님에 대한 헌신을 통해 나의 신앙을 평가하려 할수록 바울의 두려움을 더 잘 이해하게 된다. 예수님에 대한 나의 헌신이 얼마나 쉽게 흔들릴 수 있는지 알기 때문에, 악마가 예수님에 대한 나의 가장 귀중한 자산을 얼마나 교활하게 무너트릴 수 있는지 또한 알고 있다.

나는 우리가 이 이야기에 등장하는 기독교인들과 같은 자세를 취하길 바란다. 우리는 하나님께서 그분의 언어로 우리에게 하시는 말씀에 귀를 기울이는 것이 얼마나 중요한지 깨닫기 바란다. 또한 우리 자신의 사고에 따라 옳고 그름에 대한 판단을 합리화하고 스스로에게 가장 이익이 되는 일을 하지 말고, 하나님과 그분의 말씀을 가장 앞에 두기를 바란다.

제4장

우리는 하나님과 함께 하는 삶이 가장
훌륭하다

난 너를 해하려는 게 아니다. 그저 널 잘 보살펴 주고 싶을 뿐이다. 더이상 날 두려워하지 마라. 내가 이끄는 대로 따르면, 이 세상에서 내가 이루고자 하는 데에 널 쓸모 있는 녀석으로 만들어 주겠다.

horse 말

말은 특이한 동물이다. 외모가 빼어날 뿐만 아니라 걷는 모습도 위엄이 있어 보인다. 말은 땀도 흘리지 않은 채 우아함과 힘, 속도를 모두 갖추어 달릴 수 있는 능력을 지니고 있다. 이렇듯 말은 아주 힘이 센 동물임에도 불구하고 인간을 위해 일할 수 있도록 길들여졌다. 말은 인간을 힘으로 쉽게 제압할 수 있지만, 인간에게 자신의 위에 올라타고 통제하도록 허락한다.

나는 어릴 때부터 말을 좋아했다. 뱅갈로어(Bangalore)에서 자랄 때 길거리에서 종종 말을 볼 수 있었다. 또한 역사 수업 시간에는 항상 말이 등장했다. 시대와 문화를 막론하고 모든 왕들은 말을 타고 다닌다. 말은 위엄과 권력, 품위, 속도, 아름다움의 상징이다. 말 위에 무언가가 올라타 있는 모습을 우연히 볼 때마다 나는 흥미로움을 느꼈다. 그러던 어느 날 나는 존 솔로몬 래리(John Solomon Rarey)에 대한 이야기를 듣게 되었다.

1800년대에 살았던 래리는 말 훈련사들에게 아주 난폭한 말을 재빨리 길들이는 방법을 가르쳤다. 그는 학대나 충격적인 경험 때문에 공격적으로 변한 말들을 진정시킬 수 있었다.

그는 미국에 살았지만, 빅토리아 여왕의 초청으로 영국에 건너가 그녀의 말 한 마리를 길들이는데 성공하면서 세계적인 명성을 얻었고, 전 세계를 돌아다니면서 말들을 길들여 인간에게 유용하게 쓰이도록 해주었다. 당대에는 말이 주요 운송 수단이었기에 래리는 아주 유명해졌다.

래리에 대한 이야기들을 통해, 나는 그가 말들을 회복시키기 위해 사용했던 방법의 요지가 이것임을 알게 되었다. 처음에 래리가 말에게 다가가면, 해치려는 움직임이 전혀 없었음에도 불구하고 말은 겁을 먹었다. 래리가 원했던 것은 말이 그저 주인으로부터 사랑과 지도를 받을 수 있도록 하는 것뿐이었다. 하지만 과거에 인간과 관련하여 충격적인 사건이나 나쁜 경험을 겪었던 말은 인간을 두려워했다. 이 공포가 난폭한 반응을 유발한다. 때문에 래리가 가까이 다가가기만 해도 말은 공격적으로 발을 구르거나, 자신이 느끼는 공포로부터 스스로를 방어하기 위해 인간을 공격한다.

먼저 래리는 말을 사로잡아 묶어 두었다. 묶여 있는 말은 래리에게 전혀 위험한 존재가 아니었다. 하지만 묶여 있는 말은 동시에 사회에 쓰임이 될 수 없는 존재였기에 그건 해결책이 아니었다. 래리가 말을 묶어 둔 것은 인간이 자신을 다치게 할 것이라는 말의 생각을 바꾸기 위해서였다.

다음에 래리는 말의 다리 한쪽을 끈으로 묶고, 절뚝거리는 말을 울타리로 둘러싸인 곳에 풀어 주었다. 물론 말은 래리에게서 도망치려하지만, 세 다리만 멀쩡한 상태이기 때문에 금세 지쳐버리고 만다. 이때 래리는 지친 말을 눕히고, 말의 신체 부위 중 특정한 지점에 무게를 실어서 말이 움직이지 못하도록 한다. 이제는 마침내 래리가 말에 가까이 갈 수 있다. 그는 말의 몸을 부드럽게 쓰다듬고, 말을 안심시키고 사랑을 보여주어 그가 말을 해치지 않을 것임을 알게 해 준다.

이 과정을 반복함으로써, 래리는 자신이 정말로 안전한 사람이며 말이 스스로를 보호하려 애쓰지 않아도 된다는 것을 증명해 보인다.

래리의 이 방법은 놀라울 정도로 성공적이었다. 때로는 몇 시간 만에 말의 상태가 회복되었고, 주인에게 다시 유용한 존재가 될 수 있었다. 그의 방법은 너무나 효과적이었기 때문에 당시의 영어 사전에는 "래리화하다"(rareyfy)라는 단어가 포함되기도 했다. 이는 바로 "사랑으로 이기다" 또는 "친절함으로 말을 길들이다"라는 뜻이었다.

야생 동물을 길들이는 이러한 방식을 통해 나는 하나님께서 우리 삶을 어떻게 길들이고자 하셨는지를 알게 되었다. 우리 중 많은 이들은 하나님께서 우리를 다치게 하시거나, 우리가 원하는 즐거운 삶의 흥을 깨버리실 거라 여기기에 그분을 두려워한다. 때로는 그분의 계획이 우리를 억제하고 정복하는 것이라는 생각이 들기도 한다. 따라서 그분께서 가까이 오면 우리는 그분을 밀어내거나 거부한다. 우리는 그분에 맞서 싸우거나 그분으로부터 도망친다.

하지만 하나님께서는 우리를 다치게 하려 하시지 않는다. 우리의 행복한 삶을 바라시는 애정 어린 아버지로서의 하나님의 모습을 보여주기 위해 예수님께서 오신 것이다.

우리가 두려움에 휩싸인 채 하나님으로부터 도망치더라도, 우리는 하나님과 함께 하는 삶이 가장 훌륭하다는 것을 알기에 그분께서는 우리를 찾아내신다. 하나님은 우리의 이기심을 뛰어넘으시며. 우리의 공포와 자존심과 분노가 하나님께서 우리 곁에 가까이 다가오시지 못하도록 만든다. 따라서 하나님께서는 래리가 말에게 했던 것처럼 "끈으로 묶는" 방법을 사용하셔서 우리가 하나님에게 맞서 싸우는 것을 멈추고 평화를 찾을 수 있는 곳으로, 그리고 우리를 향한 그분의 선한 의도를 깨달을 수 있는 지점으로 우리를 인도하신다.

때때로 하나님께서는 우리에게 당연히 열려 있어야 한다고 생각되는 문을 닫는 방식으로 우리를 "끈으로 묶으신다." 그래서 우리의 자기중심적인 삶에 제동을 걸기 위해 고통을 허락하시기도 한다. (그분께서는 절대 고통을 초래하지는 않으신다.) 때로는 우리 주위의 관계나

일에서 문제 상황을 허락하시기도 한다. 이 모든 것들은 우리가 하나의 단순한 사실을 이해할 수 있도록 하시기 위함이다. 우리의 삶은 혼자가 아니라 그분과 함께 살기 위한 것이다. 결국 우리를 창조하신 분과의 관계 속에서 살아가는 삶이 가장 훌륭한 삶이다.

역사상 가장 독실한 크리스천 중 한 명이었던 바울 또한 그리스도와 가까워지기 위해 "끈에 묶일" 필요가 있었다. 이 위대한 성자조차도 하나님께 그 끈을 풀어달라고 간청했지만, 하나님께서는 그렇게 하지 않으셨다. 대신 하나님께서는 그에게 이렇게 말씀하셨다.

고린도 후서 12장 9절

나에게 이르시기를 내 은혜가 네게 족하도다 이는 내 능력이 약한 데서 온전하여짐이라 하신지라 그러므로 도리어 크게 기뻐함으로 나의 여러 약한 것들에 대하여 자랑하리니 이는 그리스도의 능력이 내게 1)머물게 하려 함이라.

바울은 하나님의 권능이 그의 삶에 드리워져 있을 때 가장 훌륭한 삶을 살 수 있다는 중요한 교훈을 얻었다. 바울은 약했을 때 하나님에게 더 마음을 열었다. 그가 하나님에게 마음을 열었을 때 그분의 힘을 받아들여, 자신의 힘만으로는 결코 닿을 수 없을 정도로 강력한 힘을 얻게 되었다. 따라서 "끈으로 묶는" 방법은 바울이 이 속세에서 약한 존재로 보이게 만들었지만, 그가 끊임없이 하나님의 은총을 추구하고 다가가도록 만들어 하나님과 그분의 전능을 영원히 찬양하도록 했다.

같은 방식으로, 하나님께서는 우리가 그분의 은총과 전능을 추구하길 원하시기에 우리의 삶에서 "끈으로 묶는" 방법을 다양하게 실천하신다. 때문에 그분께서 우리의 기회를 제한하시고, 우리의 야망을 좌절시키고, 또는 실망감을 허락하시는 것은 모두 우리가 그분의 은총과 전능을 향해 나아가길 원하시기 때문이다. 그분께서는 우리가 이를 악물고, 주먹을 쥐고, 단지 자신의 삶을 향해 나아가는 독립적이고 이기적인 삶을 멈추기를 원하신다. 그분께서는 그러한 삶이 얼마나 피곤하고 성취감 없는 삶인지를 알고 계신다. 우리를 창조하신 분은 우리를 어떻게 만들었는지를 우리에게 알려 주고 싶어 하신다. 또 우리가 그분 안에서 평안을 얻고, 그분께서 우리에게 허락한 전능에 닿기를 바라신다.

나는 우리가 삶에서 우리를 묶고 있는 다양한 끈들을 다양한 시각으로 바라볼 수 있길 바란다. 또한 그 끈들이 우리가 하나님의 은총과 권능을 향해 나아갈 수 있도록 해주는 기회임을 깨닫길 바란다. 부디 우리를 하나님께 더 가까이 끌어당기고, 그분과 더 깊은 우정을 나누는 삶을 살도록 해주는 하나님의 손길에 대해 확신을 갖길 바란다.

제5장

하나님이 원하시는 것은 내가 그분의 멍에를
지는 것이다

주여, 쟁기질은 결코 쉬운 일이 아닙니다. 하지만 주님이 내 곁에 계시니, 이 시간과 멍에가 한결 수월해집니다. 제가 좀 더 일찍 주님을 믿고 주님의 멍에를 맸더라면 좋았을 겁니다.

bull 황소

앞에서 나는 사향소에 대해 이야기한 적이 있다. 이번에는 일반적인 황소에 대해 알아보도록 하자. 황소에 대해서는 모두 잘 알고 있을 거라 생각한다. 황소는 덩치가 큰 것이 특징인 소의 한 종류이다. 그래서 황소는 밭을 갈고 무거운 짐을 운반하는데 쓰인다.

인도에서 살면 말 그대로 소와 황소들 천국이다. 최근에 읽었는데 인도에 있는 소의 수가 전 세계의 30%를 차지한다고 한다. 한 나라에 정말 많은 소들이 살고 있다.

　나는 농부 집안 출신이다. 최근에 케랄라(Kerala)에 있는 할아버지 댁을 방문했는데, 우리 아버지께서 다니셨던 학교와 우리 집안이 몇 세기 동안 다녔던 동방 정교회를 구경했다.

　하지만 가장 특별했던 경험은 우리 할아버지께서 살던 집을 본 것이다. 풀이 무성한 들판과 키 큰 코코넛 나무들 사이에 있는 집이다. 그 순간 할아버지께서 사셨던 시절로 돌아가는 것 같았다. 어린 소년이었던 할아버지의 모습이 상상되었다. 손에 책을 든 채 들판을 뛰어다니고, 집 밖에서는 친구들과 크리켓 경기를 하고, 추수하시는 부모님을 도와드리는 할아버지의 모습 말이다.

　그곳을 떠나 이동하는 중에도 나는 계속해서 나의 유산에 대한 추억에 잠겨 있었다. 그 생각에서 빠져나왔을 때는 몇 마리의 황소들이 도로 위의 차들을 막는 바람에 우리 차가 급정거를 했을 때였다. 이 황소들은 주인 없이 자기들끼리만 돌아다니고 있는 것 같았다. 황소들이 한참 동안 길을 건너가는 바람에 우리도 할 수 없이 잠시 기다린 후에야 다시 길을 떠날 수 있었다.

그때, 이 황소들이 주인도 없이 길 위를 떠돌아다니며 무엇을 하고 있었을까 하는 궁금증이 생겼다. 아마도 내 선조들이 농부였기 때문인지도 모르지만, 이 황소들이 왜 밭을 갈고 있지 않은 건지 하는 농부 같은 궁금증이 들었다. 내가 농부라면 황소는 아주 소중한 소유물일 거라는 생각이 들었다. 성공적인 농부가 되려면 황소는 아주 중요한 존재일 것이다. 황소들이 내 말을 따르지 않으면 한마디로 추수를 할 수 없을 것이다.

예수님께서 '마태복음' 11장 28-30절에서 우리를 황소에 비유하신 것이 떠올랐다.

수고하고 무거운 짐 진 자들아 다 내게로 오라 내가 너희를 쉬게 하리라 나는 마음이 온유하고 겸손하니 나의 멍에를 메고 내게 배우라 그리하면 너희 마음이 쉼을 얻으리니 이는 내 멍에는 쉽고 내 짐은 가벼움이라 하시니라.

예수님께서는 우리에게 당신의 멍에를 메고 당신으로부터 배우라고 말씀하신다. 그 때 그 크고 힘센 황소들을 보니, 멍에에 메이는 것은 전혀 유쾌한 일이 아니라는 것을 알았다. 이 거대한 황소들은 멍에에 묶이느니 차라리 길거리를 떠돌아다니고 싶어 할 것이 분명하기 때문이다.

하지만 그건 내가 황소의 입장에서 생각해 본 것이지, 황소의 세상보다 더 큰 세상을 알고 있는 농부의 입장에서 생각한 것이 아니다. 농부의 관점에서 세상을 바라보려고 하니, 예수님께서 하신 말씀이 더욱 명확히 이해되었다. 예수님은 하늘에 계신 당신의 아버지가 농부였으며 이 세계는 밭이라고 말씀하셨다. 하나님께서는 이 밭을 일구실 예수님을 따라 내가 황소가 되기를 바라셨고, 내가 단지 나 자신을 위해 살길 원하지 않으셨다. 하나님께서는 이 밭을 어떻게 하면 가장 잘 일굴 수 있을지를 알고 계신 예수님을 따라 우리 모두가 멍에를 메길 원하셨다. 예수님의 멍에를 메고 예수님을 따르지 않는다면, 나는 이 세상을 떠돌아다닐 것이고 내가 살아야 하는 삶을 결코 살지 못할 것이다. 하지만 내가 그분의 멍에를 멘다면, 가장 평화롭고 즐거우며 결실 있는 삶을 살 수 있을 것이다.

내가 지금 말한 것이 얼마나 받아들이기 어려운 것인지 알고 있다. 복종하는 삶이 사실은 가장 평화로운 삶일 수 있다는 것은 이상하게 들리기도 한다. 실제로, 어떤 종류이건 간에 멍에에 메여 사는 것이 가장 자유로운 삶을 산다는 생각은 우리의 직관과 정반대되는 것이다. 물론 하나님의 뜻을 따르는 것은 훌륭한 일이지만, 그의 멍에에 완전히 메여 산다는 것은 조금 극단적으로 들리지 않는가?

목사이자 전도자인 존 파이퍼(John Piper)가 하나님의 멍에에 매여 사는 삶에 대해 한 말이 나에게 도움이 되었다. 그는 이렇게 말했다.

"우리가 하나님에 대해 가장 만족하고 있을 때 그분의 영광을 가장 높이 찬양할 수 있다."

하나님께서 원하신다는 것을 알기에 나는 그분의 멍에를 지기로 했다. 하지만 파이퍼의 이 구절은 그분의 멍에를 진다는 것이 어떤 것인지를 내가 이해할 수 있게 만들었다. 그것은 단순히 강요에 의해 하나님에게 복종하는 것 이상이다. 내가 예수님과 함께 함으로써 하나님에 대해 완전히 만족할 수 있기에 그것은 행복하게 복종하는 삶이다.

우리 기독교인들은 결국 가장 중요한 것이 하나님이라고 믿는다. 칭송을 받고 영광을 얻어야 할 분은 그분이시다. 하지만 우리는 명성, 돈, 성욕 등 이 속세의 유혹에 너무나도 쉽게 흔들린다. 동시에 우리는

"하나님의 완벽한 뜻"이나 "하나님의 영광"과 같은 위대하지만 모호한 문구들이 실제로 무엇을 의미하는지 전혀 이해하지도 못한 채 그 뒤로 숨는다. 즉 우리는 옳은 말을 하면서도 그와 동떨어진 현실을 향한 삶을 살고 있다. 우리는 하나님에 대해 만족하지 못하는 삶을 살고 있다.

우리가 하나님을 진정으로 만족스러운 존재로 생각하지 않는다면, 예수님 앞에 나아가 그분께서 우리에게 하나님을 보여주시길 청해야 한다('마태복음' 11장 27-28절). 우리 중 많은 이들이 하나님을 단지 엄격한 규율주의자 또는 자기 고양적인 주인으로만 생각할 수도 있다. 하지만 예수님께서는 철저히 새롭고 다른 하나님의 모습을 보여주신다. 그분의 어린아이가 되고자 하는 이들을 진심으로 아끼고 사랑하는 ('마태복음' 11장 25-26절), 그리고 자신들의 열악한 삶의 무게를 진채 지친 모든 이들을 완전히 만족시켜 주겠노라 약속하는 아버지의 모습 말이다.

친구들이여, 하나님의 메시지는 아주 단순하다.

예수님 앞에 나아가, 그분께서 하셨듯이 하나님에게 복종하는 삶을 살아라. 그러면 그분께서는 너를 만족시켜 주고 평화로운 삶을 살게 해줄 것이다. 그분의 삶을 공부하고, 그분께서 하나님의 멍에를 맨 채 어떻게 복종의 삶을 사셨는지를 배우라!

이 단순한 일일 과제를 통해 우리 모두는 하나님께 영광을 바치는 삶을 살 수 있다.

제6장

지금도 사탄은 우리를 수많은 빛으로
현혹시킨다

믿을 수가 없네. 분명 내가 여기서 뭔가를 잡은 것 같았는데.

cat 고양이

내 친한 친구 중 한 명이 애완용으로 키울 새끼 고양이 한 마리를 샀다. 고양이를 처음 우리 집에 데려왔을 때는 거부할 수 없을 정도로 무척이나 사랑스러운 조그만 털 뭉치였다.

하루는 우리가 거실에 앉아 이야기를 나누고 있는데, 새끼 고양이가 갑자기 뛰어나오더니 바닥에 있는 무언가를 덮쳤다. 그게 뭔지 살펴보니, 내 손목시계가 바닥에 반사되어 밝은 빛을 비추고 있었고 새끼 고양이가 그걸 덮친 것이었다. 이 동물의 본능에 매료된 나는 몇 번 더 손목시계를 비스듬히 움직였고, 그럴 때마다 새끼 고양이는 손목시계의 그림자가 만드는 밝은 빛을 가차 없이 공격했다.

며칠 후 우리는 레이저 포인터를 하나 샀다. 빨간색의 작은 레이저 빛을 낼 수 있고, 주로 회사에서 발표 할 때 스크린에 있는 무언가를 가리키기 위해 사용하는 펜 모양의 제품이었다. 우리는 벽에 빨간색 레이저를 쏘았고, 당연히 고양이는 그 빛을 맹렬하게 공격했다.

고양이는 덮칠 때를 기다리며 웅크린 채 몇 분 동안 꼼짝하지 않고 가만히 앉아 있다가, 먹잇감을 손에 넣었다는 확신이 들었을 때 빨간 레이저 점을 향해 점프했다. 하지만 천천히 발을 들어보았을 때 그 밑에는 아무것도 없었다. 고양이의 먹잇감이 어찌 된 일인지 도망친 것이다.

우리가 지칠 때까지 새끼 고양이는 교묘히 달아나는 빨간색 레이저 점을 계속해서 광적으로 쫓아다녔다. 새끼 고양이는 레이저 점을 절대로 잡지 못했지만 지친 기색도 없어 보였다.

고양이들은 새처럼 작고 밝은 물체들을 사냥하려는 본능이 잠재해 있다고 어디선가 읽은 적이 있다. 레이저는 그 어떤 새보다도 더 밝게 빛났으니, 먹잇감을 공격하려는 고양이의 동물적 본능에 이내 불을 붙였고 그걸 공격하려는 욕구를 참지 못한 것이다. 심지어 고양이는 노리고 있는 먹잇감을 잡으려다 때때로 뼈가 부러지기도 한다. 하지만 안타깝게도 이 레이저 불빛은 느끼거나 잡을 수 없었으므로 고양이의 이 욕구는 절대 충족될 수 없었다. 우리는 고양이와 레이저 불빛을 가지고 노는 동안 즐거웠으나, 시간이 지나자 우리가 고양이를 못되게 약 올렸다는 생각에 죄책감이 들었다. 결국 고양이가 먹잇감을 잡았다는 실질적인 만족감을 얻지 못했기 때문이다.

　그 이후로 나는 많은 고양이들과 심지어는 몇몇 개들에게서 이러한 행동이 나타나는 것을 관찰했다. 한번은, 문이 열린 채 흔들리는 틈으로 갑자기 새어 들어온 햇빛을 먹잇감이라고 생각한 개가 공격하는 모습도 보았다.

　고양이에게서 나타나는 이 행동은 매우 재미있고 흥미로운 것처럼 보이나, 나는 우리 앞에 실제인 것처럼 보이는 환상이 나타났을 때 우리도 이와 같은 경향을 보이게 될지 궁금증이 생겼다. 우리 인간이 기만당하는 것에 대해 바울이 쓴 글이 떠올랐다.

고린도 후서 11장 14절

이것은 이상한 일이 아니니라 사탄도 자기를 광명의 천사로 가장하나니

이 구절을 읽으면 아주 겁이 난다. 우리 중 그 누가 빛의 천사를 보고 감동받지 않을 수 있겠는가? 빛의 천사가 방문한다면 모든 크리스천에게는 헤드라인 뉴스일 것이다. 모든 친구들에게 그 사실을 알릴 것이고 아마도 교회를 찾아 우리의 경험에 대해 증언하도록 요청받을 것이며, 교회에 모인 사람들은 우리를 경외심 가득한 눈빛으로 우러러볼 것이다.

한편, 우리 자신을 포함한 우리 주위에 있는 모든 사람이 우리가 신성한 만남을 가졌다고 생각하겠지만, 사실 우리는 사탄에게 완전히 속았는지도 모른다. 양처럼 보이는 옷을 입고 양들을 공격한 늑대에 대한 동화처럼 사탄이 빛의 천사의 옷을 입고, 의심하지 않는 이들을 속이기 위한 화려한 "빛의 쇼"를 이용해 마침내는 많은 이들의 영혼을 잡아먹을 수도 있다.

그렇다면 우리를 속이고 잘못된 길을 걷게 만드는 이 "빛"은 무엇인가? 고양이의 본성을 자극하는 먹잇감의 모습을 하고 내 친구의 새끼 고양이를 속였던 빨간색의 레이저 빛처럼, 사탄이 우리 인간의 본성을 속이고 기만하기 위해 사용한 이 빛은 과연 무엇인가?

사탄이 사용하는 빛의 종류는 아주 다양하지만, 현재 나에게 부담이 되고 있는 한 가지에 대해 이야기하겠다. 내가 깨달은 사탄의 속임수 중 하나는 지식과 정보에 대한 우리의 채울 수 없는 갈망을 이용한다는 것이다. 특히 인터넷의 시대를 살고 있는 우리는 우리의 손끝으로 무한한 양의 정보와 지식을 접할 수 있다. 이 지식은 사람들을 감동시키고 지위와 권력을 얻을 수 있는 강력한 무기이므로, 우리의 삶은 우리가 관심을 가지고 있는 분야에서의 지식에 대한 끊임없는 충족에 사로잡힐 수 있다. 따라서 우리 기독교인들의 경우, 지식과 정보에 대한 갈망은 종교적인 삶까지 이어진다. 우리가 종교적인 야망과 열망을 가지고 있다면, 예수님과 기독교에 대해 가능한 한 모든 것들을 배우고자 할 것이다. 우리는 수많은 책을 읽고, 새로운 신학 이론에 대한 설교를 듣고 보며, 성서의 구절들에 대한 새로운 통찰을 얻기 위해 항상 노력할 것이다.

성서에 관한 연구와 하나님에 대해 더 많은 것을 알고자 하는 열망은 가장 귀중하고 가치 있는 갈망이다. 빛나는 물체를 공격하는 고양이의 본성은 자신의 생존을 위해서 아주 중요하다. 그 본성이 고양이로 하여금 사냥감을 공격하게 만들고, 그렇게 함으로써 먹이를 얻게 만드는 것이다. 하지만 고양이가 레이저 빛을 먹잇감으로 혼돈하고 하루 종일 그걸 쫓는 것은 비극이다. 그런 고양이는 결국 굶어 죽게 될 것이다.

이처럼, 우리는 기독교적 지식에 대한 채울 수 없는 갈망과 진정한 종교적 양식을 결코 혼돈해서는 안 된다. 우리가 개인적인 친구로서 예수님을 더 많이 알아가고 그분과의 발전하는 관계 속에서의 삶을 끊임없이 추구할 때 비로소 성장할 수 있다.

따라서 우리는 예수님에 대한 것들을 아는 것과(빨간색 레이저 불빛을 공격하는 것) 예수님을 알아가는 것(진짜 먹이를 구하는 것)을 정확히 구분할 수 있어야 한다. 누군가에 "대한 것을 아는 것"과 누군가를 "아는 것" 사이에는 큰 차이가 있다. 우리는 마이클 조던(Michael Jordan)이나 인도의 크리켓 영웅 사친 텐둘카르(Sachin Tendulkar) 같은 유명한 운동선수들에 대해 많은 것들을 알 수 있다. 하지만 그들의 가족이 아는 것처럼 그들을 진정으로 알 수는 없을 것이다.

그러므로 우리 기독교인들 모두는 우리 삶의 중심에 이 질문을 품고 있어야 한다. 당신은 예수님과의 개인적인 관계를 발전시키고 있는가, 아니면 단지 예수님에 대한 지식을 늘리고 있을 뿐인가? 2,000여 년 전 하나님께서도 예수님의 제자들을 오늘날 예수님을 따르는 다수로부터 구분하기 위해 이와 같은 시험을 이용하셨을 것이라 확신한다. 다수는 "예수님에 대해" 알지만, 제자는 "예수님을" 안다.

따라서 기독교의 여정을 조심스럽게 걸으며, 악마가 우리를 기만하기 위해 쏘는 수많은 빨간색 레이저 빛이 마치 삶의 빛처럼 보이지만 위험한 속임수인 빛을 반짝이고 있음을 깨닫도록 하자. 예수님에게, 그리고 그분과의 실제적인 관계에 우리의 눈을 끊임없이 고정시키도록 하자. 그래서 그분을 더 많이 알아가고, 단지 그분에 대해 많은 것들을 알 뿐인 사람이 되지 않도록 스스로 경계하자.

제7장

사탄은 사슬에 묶여 포효하는 것이 전부 일뿐
이다

내가 사슬에 묶여 있다는 걸 사람들이 못 보았으면
좋겠다. 내가 크게 포효하면 사람들이 겁을 먹고,
주님을 향해 가는 걸 멈출 수도 있겠지.

Lion 사자

내가 다니던 학교에서는 전교생을 여러 개 팀으로 나누었다. 초등학교 때였는데, 각 팀을 대표하는 동물이 하나씩 정해져 있었고 나는 사자 팀에 속했다.

내가 사자에게 반하게 된 것이 그때부터였는지 정확히는 모르겠지만, 내가 기억하는 한 아주 오랫동안 나는 사자와 같은 고양이 과 (feline, Felidae)의 동물들에게 마음을 빼앗겼다. 수년 간 나는 야생의 사자에 대한 수많은 다큐멘터리와 영화들을 보았다. 그 자체로도 너무나 위엄 있는 그 동물을 보자마자 존경하게 만드는 건 바로 그들의 포효하는 모습이었다. 나는 '포효'라는 단어를 말할 때마다 가장 먼저 사자가 머릿속에 떠오른다.

사자의 포효를 들어봤다면 그 소리를 절대 잊지 못할 것이다. 나는 동물원에 갔을 때 사자의 포효 소리를 들었던 것을 확실히 기억한다. 사자 우리에서 멀리 떨어져 있었는데도 그 소리에 발걸음이 멈추어졌다. 사자와 가까이 있지도 않았는데도 그 소리는 나를 주목시키는 존재감을 가지고 있었다.

'베드로전서'에서는 악마를 포효하는 사자에 빗대어 표현한다.

베드로전서 5장 8-9절
근신하라 깨어라 너희 대적 1)마귀가 우는 사자 같이 두루 다니며 삼킬 자를 찾나니
너희는 믿음을 굳건하게 하여 그를 대적하라 이는 세상에 있는 너희 형제들도 동일한 고난을 당하는 줄을 앎이라

베드로가 우리를 삼키려는 악마의 모습을 포효하는 사자에 비유했다는 것이 흥미롭다. 그런데 야생에서 사자가 먹잇감을 사냥하는 모습을 떠올려보면 우리에게 대항하는 악마의 진정한 본성과 비슷한 점을 발견할 수 있다.

사자는 사슴을 사냥할 때 아주 조심스럽고 조용하게 먹잇감을 따라간다. 먹잇감의 눈에 띄지 않도록 완전히 숨기 위해 사자는 낮게 포복한 채 키 큰 풀과 덤불 밑을 기어간다. 나뭇가지가 부러지는 아주 작은 소리만 들려도 사슴은 금세 주변에 적이 있다는 것을 느끼고는 안전한 곳으로 도망치기 때문이다. 때문에 아주 조용하고 조심스럽게 먹잇감에게 다가가는 것이 중요하다. 그리고 습격이 가능한 거리 안으로 들어오면 사자는 순간적으로 폭발적인 속도로 돌진해 기선을 제압하고 사슴을 추월한다.

사자의 성공적인 사냥을 위해서는 조용히, 그리고 몰래 움직이는 것이 중요하다. 사자는 포효할 때 외에는 절대로 소리를 내지 않고 자신을 드러내지 않는다.

먹잇감을 공격하는 사자는 포효하지 않는다. 그렇다면 사자는 언제

포효하는가? 사자는 자신의 영토를 표시하기 위해 포효한다. 자신의 공간에 들어온 침입자의 냄새를 맡은 사자는 포효함으로써 물러나라고 경고한다. 그 포효는 너무나 위풍당당하고 위협적이기 때문에 실제로 효과가 있다. 포효가 침입자를 내쫓는 것이다.

이 사실을 알게 되었을 때 나는 이것이 사탄이 기독교인들을 억압하는 방식과 비슷하다는 생각을 했다. 분명히 말하지만, 이것은 단지 자신을 기독교인이라고 칭할 뿐인 사람들에 대한 이야기가 아니다. 예수님을 자신의 주인이자 사탄을 무찌르신 본보기로, 그리고 인간의 모든 죄악으로부터 우리를 완전히 구원하기 위해 내려오신 분으로 모시는 이들, 즉 예수님에 대해 독실한 믿음을 가지고 있는 이들에 대해 말하는 것이다.

진실한 기독교인들은 한 가지를 분명히 알고 있어야 한다. 사탄은 패배했고, 그가 가진 그 어떤 초자연적인 힘으로도 우리를 제압할 수 없다. 예수님께서 사탄과 그의 악한 힘을 무장 해제시키고 그의 패배를 널리 알리셨다는 사실은 '골로새서' 2장 13-15절에 명확하게 나와 있다.

또 범죄와 육체의 무할례로 죽었던 너희를 하나님이 그와 함께 살리시고 우리의 모든 죄를 사하시고 우리를 거스르고 불리하게 하는 법조문으로 쓴 증서를 지우시고 제하여 버리사 십자가에 못 박으시고 통치자들과 권세들을 2)무력화하여 드러내어 구경거리로 삼으시고 십자가로 그들을 이기셨느니라

우리 모두는 죄인이기에 그리스도의 승리는 사탄을 무장 해제시킬 수 있는 우리의 갑옷이다. 하나님께서는 우리에게 구원의 투구, 정의의 흉갑, 진실의 벨트, 평화의 신발, 그리고 성령의 검을 주셨다. 이 모든 것이 예수님의 위대한 희생을 통해 얻은 선물이다. 따라서 이 갑옷은 뒤로 숨은 채 계속해서 죄악을 일삼고 있는 기독교인들을 위한 것이 아니다. 그것은 자신을 더럽히는 모든 것들로부터 몸을 깨끗이 지키며 살아감으로써 악마에 대항하려는 우리의 진실한 믿음이다.

고린도후서 7장 1절
그런즉 사랑하는 자들아 이 약속을 가진 우리는 하나님을 두려워하는 가운데서 거룩함을 온전히 이루어 육과 영의 온갖 더러운 것에서 자신을 깨끗하게 하자.

하나님의 갑옷을 입은 독실한 기독교인에게 사탄은 마치 사슬에 묶인 사자와도 같다. 악마가 할 수 있는 유일한 일은 포효함으로써 기독교인들을 위협하는 것이다. 그는 하나님의 갑옷을 뚫을 수 없기에 공포와 위협으로 기독교인을 마비시켜 결국 무기력하고 게으른 삶으로 이끌려고 할 것이다.

사탄은 다양한 방식으로 우리를 위협한다.

• 사탄은 예수님의 제자가 되는 것을 지루하고 따분하다고 느끼도록 우리를 향해 포효한다. 그는 우리에게 이 세계의 모든 미혹과 아름다움을 보여주고, 하나님에게 그토록 열성적으로 매진하는 삶을 포기하면 재미있고 손쉬운 삶을 살 수 있다고 말한다. (이런 말로 예수님까지 사로잡으려고 했다.)
• 그는 우리가 하나님의 저주를 받고 있다고 느끼게 하는 다양한 상황들을 기회로 삼아 우리를 향해 포효한다. (그렇게 터무니없는 방식으로 사랑하는 아버지를 탓하는 자는 오직 사탄밖에 없을 것이다.)
• 그는 우리를 몰락시키는 것이 바로 우리의 성격, 우리의 선조, 우리의 현재 문화라고 믿도록 함으로써 우리를 향해 포효한다.

우리의 삶에서 오랫동안 사탄이 지배하고 있던 영역에 우리가 다가 가려 할 때 사탄은 가슴을 부풀리고 포효할 것이다. 하나님의 갑옷을 갖춰 입은 우리가 곁에 계신 예수님과 함께라면 모든 죄악을 넘어설 수 있더라도, 우리가 사탄의 포효를 들었을 때 공포에 사로잡혀 물러 날 수도 있다는 것을 알고 있다. 우리가 겁을 먹고 싸움에 나서길 거부 한다면 사탄은 전투에서 싸워보지도 않고 승리할 것이다!

베드로는 어떻게 해야 승리하는 지를 분명하게 알고 있었다. 사탄을 거부하고 마음을 굳건히 하면 된다. 포효 소리를 듣더라도 물러서지 마라. 자신의 영토를 지키려는 사탄의 포효를 듣더라도 물러서고 싶은 유혹을 떨쳐내라. 예수님께서 우리 안에 계시기에 사탄을 거부하고 마 음을 굳건히 하라!

하나님의 모든 약속을 경험하지 않고 물러나 고개를 숙이는 것은 겸 손한 태도가 아니다. 아무런 권위도 지니지 않는 사탄의 포효를 두려 워할 필요가 없다. 우리가 사탄을 거부하고 우리를 위한 하나님의 약 속을 굳게 믿는다면 사탄의 무력함을 드러낼 수 있을 것이다.

하나님께서 예수 그리스도 안에서 우리를 어떤 사람으로 만들었는지 항상 기억하길 그분은 바라신다. 하나님께서는 사탄을 거부하고 믿음을 굳건히 할 청년들을 필요로 하신다. 하나님께서 우리를 예수님 안의 승리자로 만드셨고('로마서' 8장 37절) 그분께서 우리 안에서 시작하신 일을 완수하실 것이라는('빌립보서' 1장 6절) 약속을 굳게 믿도록 하자.

『피지올로구스』의 첫 장에 사자가 나온다.

'창세기' 49; 9에는 야곱이 유다에게 축복을 내리며 "유다는 사자 새
끼로다. 내 아들아 너는 움킨 것을 찢고 올라갔도다. 그가 엎드리고 웅
크림이 수사자 같고 암사자 같으니 누가 그를 범할 수 있으랴." 하였다.
 피지올로구스는 사자가 사자다운 성질을 두 가지 지니고 있다고 말

한다. 첫째, 사냥꾼이 접근하는 낌새를 채면, 꼬리를 휘저어 제 발자국을 지운다. 주님도 이와 같다.

하나님이 이 세상에 보내주신 주님도 사자처럼 지나오신 영성의 흔적을 감추었다. 그러나 주님은 천사들 가운데 천사가 되셨고, 열방의 왕이 되셨으며, 많은 권세 가운데 참 권세가 되셨고 인간들 가운데 인자로 오셨다. 주님은 스스로를 낮추고 주님은 방황하는 우리의 영혼을 구원하려고 그렇게 하셨다. 말씀이 육신이 되어 우리 가운데 자리하게 된 것이다.

사자의 두 번째 성질은 동굴 속 잠든 사자는 눈을 뜨고 있기에 실제로는 깨어있다. 솔로몬과 향촌 출신의 처녀 술람미 여인 간의 지순한 사랑을 노래한 『아가(雅歌, song of songs)』에서 "나는 잠들었어도 정신은 멀쩡하다."라고 했는데, 이는 주님의 육신이 십자가에서 잠들었을지라도 그의 신성은 깨어있어서 아버지의 오른편에 앉아계시기 때문이다. (마태 26; 64 / 누가 22; 69 / 사도 7; 55) 또 예언자가 이르길 "이스라엘을 지키시는 이, 졸지 않고 잠들지도 아니하시니다."고 말했다.(시편 121; 4)

이와 마찬가지로 하나님은 자신의 첫배 그리스도를 죽은 자들 가운데서 살려내고 방황하는 인간을 구원했다. 그러니 야곱이 "사자의 새끼와 같으니 누가 그를 건드릴 수 있으랴"라고 했던 말은 매우 적절하다.

제8장

이미 자유를 얻었지만 죄의 속박에 여전히
묶여 있다고 생각한다

너를 풀어 주었노라.

내 다리에 묶여 있는 이 밧줄이 내가 아직 자유의 몸이 아니라고 말한다. 아주 어릴 때부터 난 이 밧줄의 존재를 느껴왔다. 당신은 내가 자유라고 말한다. 하지만 내 다리를 둘러싸고 있는 이 밧줄의 느낌은 내가 아직 자유가 아니라는 증거이다.

elephant 코끼리

내가 뱅갈로어의 길거리에서 얼마나 많이 코끼리를 보았는지 셀 수도 없다. 지금 생각해보면 이건 매우 특이한 일이다. 뱅갈로어처럼 북적거리고 바쁜 도시의 길거리에서 코끼리를 본다는 건 놀라운 사실이다. 인도를 방문한 거의 모든 여행객은 이 광경을 보고 충격을 받는다. 하지만 인도에서 자란 나로서는 뭐가 특이한 건지 잘 깨닫지 못했다.

내가 9살인가 10살이었을 때 형제들과 함께 코끼리를 타러 갔었다.

그때 찍은 사진을 지금도 가지고 있다. 코끼리에 비하면 우리가 얼마나 작은지 정말 신기하다. 사람 4명이 있어도 코끼리가 사진의 90%를 차지하고 있다. 우리는 마치 큰 탁자 위에 앉아 있는 4마리의 작은 파리처럼 보인다.

하지만 코끼리는 길들일 수도 없고 자기가 가고 싶은 곳은 어디든지 돌아다닐 수 있는 거대한 동물이라는 사실을 동물원에서 고작 한 번 본 사람이라도 알 수 있을 것이다. 그럼에도 불구하고 이 동물은 인간에게 길들여져 왔다. 인간은 코끼리에게 통나무 운반하는 것을 가르쳤고 심지어 인간은 코끼리가 서커스에 출연해 의자 위에서 균형을 잡거나 드럼을 치도록 길들이기도 했다.

이런 것들이 어떻게 가능했을까? 인간은 자신보다 훨씬 더 크고 강한 이 동물을 어떻게 통제할 수 있었을까?

인간이 코끼리를 길들이는 데는 여러 가지 다른 방법들이 사용되었을 것이다. 그중 내가 들은 한 가지의 방법을 소개하려 한다. 인간이 자신보다 10배 이상 더 크고 강한 코끼리를 길들일 수 있었던 건 우월한 두뇌 덕분이었다.

코끼리는 자라면서 힘센 발을 이용해 돌아다니고, 코를 이용해 음식을 잡고 입에 넣는 방법 등을 배운다. 또한 자신이 가지고 있는 엄청난 힘에 대해서도 금세 배운다. 때문에 야생에서 자라는 코끼리는 자신의 앞길을 막을만한 존재가 거의 없다는 것 또한 금방 배우게 된다. 코끼리는 거의 모든 걸 말 그대로 밟고 지나갈 수 있다.

반면 인간에게 붙잡힌 상태로 코끼리가 태어날 경우, 코끼리의 주인은 자유와 힘에 대한 코끼리의 이 보편적인 사고방식을 깨트려야 한다고 생각한다. 그래서 코끼리가 어릴 때 다리에 두꺼운 금속 발찌를 채우고, 두꺼운 쇠사슬을 이용해 튼튼한 기둥이나 나무에 묶어둔다.

이 아기코끼리는 자라면서 감금에서 풀려나기 위해 계속해서 쇠사슬을 잡아당긴다. 아기 코끼리 안에 있는 무언가가 그 어떤 속박에서도 벗어나 자유로워지고 싶다고 계속해서 말한다. 하지만 아무리 당겨도 쇠사슬에서 벗어나지는 못한다.

수개월이 지나고 또 수년이 지나면, 발찌에 대고 비비고 사슬을 잡아당긴 코끼리의 다리는 피부가 쓸려 까지게 된다. 자유를 찾을 수 있을 것이라고 확신했던 만큼 코끼리는 새로운 현실을 깨닫는다. 자유로워질 수 없다는 것을. 다리에 채워진 발찌는 자유로워질 수 없다는 사실을 명백하게 상기시킨다. 도망치려고 시도할 때마다 그 발찌는 코끼리에게 아무 힘도 없다는 걸 상기시킨다.

몇 년간의 희망 없는 분투가 이어지면 결국 코끼리는 도망치는 것을 포기한다. 매일 아침, 잠에서 깬 코끼리는 다리에 발찌가 채워져 있는 것을 느끼며, 그것이 무엇을 의미하는지 생각한다. 자유롭고 강해지고 싶은 본능에도 불구하고 그 코끼리는 그 사실에 속박되어 살 수밖에 없다.

이런 상태로 몇 년이 더 흐르면 이제는 더이상 쇠사슬이 필요하지 않게 된다. 발찌를 기둥에 고정했던 사슬은 밧줄로 대체되고 결국에는 발찌만 남는다. 다리에 여전히 채워져 있는 발찌만으로도 코끼리를 속박할 수 있게 된다.

우리는 이 상황을 보며 거대한 코끼리들이 왜 이 사실을 알아채지 못하는지 의아해한다. 코끼리에게 이렇게 말해주고 싶을 것이다. "너는 이미 자유롭다는 걸 모르니? 네 다리에 묶여 있던 밧줄이 이제 더이상 나무에 묶여있지 않다는 게 안 보여? 그냥 걸어가 봐. 네 다리에 느껴지는 밧줄은 네가 여전히 속박되어 있다고 세뇌시키는 속임수일 뿐이야."

내가 다리에 바보 같은 밧줄을 묶고 있는 코끼리와 대화할 수 있다면 아마도 이렇게 말했을 것이다. 또한 한쪽 다리로 서 있거나 아무 생각 없이 드럼을 치고 있는 코끼리를 봐도 똑같이 말할 것이다.

"너는 무리 속에 섞여서 정글 속을 헤치고 들판에서 자유롭게 방랑하도록 태어난 동물인 걸 모르니? 너는 이렇게 서커스에 갇혀서 우리를 즐겁게 해줄 것이 아니라 정글에 있어야 하는 동물이라고!"

하지만 겉으로 멍청해 보이는 코끼리를 보면서 동시에 나는 인간의 본성에 대해, 그리고 인간이 우리를 노예로 만드는 것들에게 어떻게 반응하는가에 대한 배움을 얻었다.

우리도 코끼리처럼 점점 파괴적인 습관과 이기적인 사고방식의 노예가 되어간다. 결국에는 10대가 되었을 뿐인데도 불구하고 우리의 이기적인 욕망에 사로잡힌 삶만이 유일한 현실이라고 믿을 만큼 완전히 이기적인 사람이 되어버린다. 인간은 바로 이런 존재이다.

예수님의 말씀은 이러한 사고방식과 상충된다. 하지만 그분의 말씀은 어떠한 원칙이나 방법, 도표나 방법론이 아니다. 예수님이 이 땅에서 보내신 33년 동안 언제나 변함없이 성령의 은총에 따라 살아가심으로써 옳은 삶의 방식을 몸소 보여주셨다. 하지만 우리는 이미 자신의 삶을 죄로 물들였고, 그분께서는 우리의 죄와 탐닉으로부터 우리를 구원하기 위해 온전하고 무결한 삶을 바치셨다. 예수님은 악마가 우리를 묶고 있는 두꺼운 사슬을 끊기 위해 그분의 삶을 희생하셨다. 그리고 예수님께서는 우리의 죄로 인해 고문을 당한 후에 부활하셨다. 그분께서는 악마의 힘을 완전히 무너뜨리셨고, 지금은 그분 앞에 나아가 도움을 청하고자 하는 모든 이들에게 자유를 주신다.

바울이 갈라디아(Galatia)에 있는 교회로 보낸 편지에 적은 말을 살펴보자.

갈라디아서 5장 1절
그리스도께서 우리를 자유롭게 하려고 자유를 주셨으니 그러므로 굳건하게 서서 다시는 종의 멍에를 메지 말라.

예수님께서는 역사상 유일하게 악마와 그 악한 힘을 굴복시키신 분이고, 오직 그분만이 우리를 억누르려 하는 악한 힘으로부터 우리에게 자유를 주실 수 있는 분이다. 또한, 성령의 말씀에 따르면 예수님께서는 이미 우리에게 자유를 주셨다. 예수님께서 우리에게 자유를 "주실" 것이라거나, 인생의 여정에서 "언젠가" 자유를 주신다는 것이 아니라는 말이다. 예수님께서는 이미 우리에게 자유를 주셨다. 우리 안에 있는 그분의 삶은 모든 죄와 이기적인 생각으로부터 자유로운 삶이다. 우리 안에 있는 그분의 삶은 어느 한 조각도 죄의 노예가 되어 있지 않다.

하지만 자유를 얻기 위해 우리 또한 해야 할 일이 있다. 당신도 알다시피, 코끼리는 기둥이나 나무에 줄로 묶여 있지 않아도 여전히 속박된 삶을 산다. 도망칠 수 있어도 그 자신이 자유를 얻고자 하지 않으면 여전히 속박 속에 남는 것이다. 분명 코끼리는 자유를 얻고 싶어 할 테지만 수년간의 속박과 다리에서 느껴지는 줄의 감촉으로 인해 자신이 묶여 있다고 생각하기 때문에, 자신을 가둔 사슬로부터 풀려났어도 여전히 포획자들의 구속에서 벗어나지 못한다. 코끼리는 오직 다리에 느껴지는 밧줄의 감촉만을 믿고 자신이 자유로운지 여부를 판단한다. 밧줄이 더이상 기둥이나 나무에 묶여 있지 않다는 것을 코끼리가 알았더라면 상황이 얼마나 달라졌을까!

이와 같은 방식으로 주님께서 이미 자유를 주셨음에도 불구하고 우리 중 대부분은 아직도 죄의 속박 속에서 살아간다. 예수님께서는 우리가 이 세상에서 자유로운 삶을 살기를 바라셨기 때문에 우리에게 자유를 주셨다.

우리에게는 예수님을 향한 길 대신에 죄악의 길을 선택할 능력과 자유 의지가 있기 때문에 자유의 길을 걷겠노라는 선택을 스스로 해야 한다. 우리의 삶에 예수님을 받아들이겠다는 결정을 이미 내렸더라도, 그리고 그분과의 신앙적인 만남을 가졌더라도 우리는 그 자유 의지를 잃지 않는다. 모든 부모가 그들의 자녀가 좋은 습관을 가지고 부모를 명예롭게 만드는 삶을 살길 바라듯이, 하나님께서도 그분의 자녀들이 그분을 선택하길 바라신다. 그분께서는 자유로운 삶을 선택한 이들에게 그 자유를 주신다. 하지만 우리에게 강요하지는 않으신다!

따라서 우리가 여전히 속박되어 있다고 생각하고 느낀다는 것이 문제다. 우리는 삶의 여정 속에서 하나님을 향해 외친다. "하나님, 저희를 이 죄스러운 삶으로부터 벗어나게 해주세요!" 그리고 하나님께서는 말씀하신다. "예수님께서는 너희에게 자유를 주셨다!" 하지만 우리는 아마도 죄악이 주는 잠시 동안의 쾌락을 아직 즐기고 있기 때문에 그분의 말씀을 믿지 않는다. 죄악으로 인한 잠시의 쾌락과 그러한 죄악이 없는 삶에 대한 두려움에 묶여 있기 때문에 우리는 아직도 속박되어 있는 것이다. 예수님께서는 계속해서 우리의 주의를 끌고, 우리가 스스로 느끼는 것이 아닌 그분의 말씀을 믿도록 이끄신다. 하지만 그분의 말씀보다 자신의 감각이 더 실제처럼 느껴지기 때문에 우리는 그분을 따르지 않는다.

그래서 우리는 묶인 채 살고 있다. 하지만 가장 비극적인 건 우리가 이기적인 삶의 노예가 된 채로 남은 생을 살게 될 수도 있다는 것이다. 하지만 우리가 죽은 후 하나님을 만나면 우리가 놓친 것이 무엇인지 보게 될 것이다. 예수님의 말씀처럼 그분을 믿으면 우리를 묶고 있던 모든 사슬이 풀린다. 그럼에도 불구하고 우리는 오로지 자신의 감각과 마음속에만 존재하는 가상의 속박에 갇힌 삶을 선택한다.

성경의 말씀은 명확하다. 예수님께서는 우리에게 자유를 주셨다. 그분께서는 우리의 감각이 하는 거짓말을 외면하고 그분의 말씀을 굳건히 믿으라고 말씀하신다. 그분께서는 우리에게 자유가 더 먼 곳까지 뻗어 있는 삶을 살라고 말씀하신다. 그분은 분노, 타인에 대한 비하, 타인에 대한 존엄과 존경을 지키지 않는 태도, 불안, 성욕, 용서하지 못하는 마음, 질투, 괴로움 등으로부터 벗어난 자유를 찾으라고 말씀하신다. 우리를 묶고 있던 이 모든 죄악은 우리가 예수님의 은총으로 이미 자유를 얻은 사람의 마음가짐을 받아들일수록 서서히 우리를 놓아준다. 그리스도께서 이미 가져다주신 자유 속에서 살도록 하자.

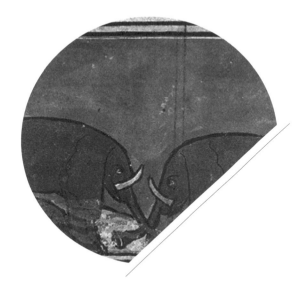

『피지올로구스』제43장에 코끼리에 얽힌 이야기가 소개되어 있다.

코끼리는 길다란 코로 적을 물리치기도 하고 물을 마실 때도 이 코를 사용한다. 그러나 코끼리는 관절이 없는 통뼈 동물이기에 몸을 자유롭게 굽히지 못하고 잠을 잘 때도 편히 드러눕지 못한다. 코끼리는 짝짓기의 욕구가 없는 동물이며 새끼를 낳고 싶으면 동방국으로 간다. 그곳은 낙원과도 같은 곳인데, 암수 코끼리는 여기서 자라는 만드라고

라(mandregora)로 불리는 자귀 나무를 뜯어먹고 함께 달아올라 새끼를 밴다. 새끼를 밴 암코끼리는 호수를 찾아가 젖배가 수면에 닿을 정도의 깊이에서 새끼를 낳는다. 마른 땅에서는 무릎 관절이 없는 새끼 코끼리가 제대로 일어설 수 없기 때문이다. 일주일 동안 물속에서 어미젖을 먹는 동안 어미는 산통이 가시지 않은 몸으로 물뱀이 접근하지 못하도록 새끼를 지키는데, 이레 후 물 밖으로 나온다.

코끼리는 비스듬히 기운 나무를 찾아 거기에 기대어 잠을 잔다. 사냥꾼은 코끼리가 잠을 청할 만한 기울어진 나무를 찾은 다음 코끼리보다 먼저 달려가 나무 밑기둥을 쓰러지지 않을 정도로만 잘라낸다. 마침내 코끼리가 다가와 눈치 채지 못하고 여느 때와 마찬가지로 나무에 기대어 잠을 청한다. 그러면 무게를 이기지 못한 나무가 쓰러지고 코끼리도 넘어지는데, 한번 넘어진 코끼리는 일어날 수 없게 되고 사냥꾼들이 달려와 코끼리를 처리한다.

그러나 사냥꾼이 나타나지 않으면 어떻게 될까? 넘어진 코끼리는 과연 어떻게 일어날 수 있을까? 코끼리는 비명을 지르기 시작한다. 이 소리를 듣고 다른 코끼리 한 마리가 달려온다. 그래도 넘어진 코끼리를 일으켜 세우지는 못한다. 이제 두 마리가 울부짖자 다른 열두 마리의 코끼리가 달려온다. 결국 어찌할 도리가 없는 모두 열네 마리의 코끼리들이 울부짖는다. 바로 이때 작은 코끼리 한 마리가 달려온다. 이 작은 코끼리는 기다란 코를 넘어진 코끼리 밑에 밀어 넣고 들어올리기 시작한다. 경험 많고 솜씨 좋은 작은 코끼리가 넘어진 코끼리를 일으켜 세운다.

이제 코끼리의 비유를 들어보자. 암수 코끼리는 아담과 하와를 뜻한다. 그들이 에덴동산에 있을 때 처음엔 동침이 무엇인지 몰랐다. 하지만 하와는 영(靈)의 만드라고라(mandragora; 합환채)를 먹었다. 그리고 지아비에게도 먹으라고 권했다. 그 뒤로 아담과 하와는 눈이 밝아져 악의 물속에서 가인을 낳았다. ('창세기' 4; 1) 이는 다윗이 "나를 구하소서, 하나님. 목에까지 물이 올라왔사옵니다." 라고 했던 것과 같다.

넘어진 코끼리의 비명을 듣고 달려온 큰 코끼리는 율법이다. 하지만 율법은 코끼리를 일으켜 세우지 못한다. 그다음 열두 마리의 코끼리는 예언자들을 가리킨다. 맨 나중에 와 코끼리를 일으켜 세운 작은 코끼리는 그리스도이다. 그리스도, 즉 새로운 아담은 모든 이들 가운데 가장 보잘 없이 되었다. ('마가복음' 10; 42-45) 우리를 구원하기 위해 그분은 스스로를 낮추시고 종의 신분을 취하신 것이다.('빌립보서' 2; 7)

제9장

스스로 마음을 새롭게 함으로써 우리의

나침반을 재설정한다

태양이 보이지 않는다. 그리고 자석 같은 이 세상의 유혹이 느껴진다. 하지만 내가 누구인지, 나의 목적지가 어디인지에 대해 하나님께서 하신 말씀을 기억하겠다. 나의 목적지는 나의 맏형이신 예수님과 닮는 것이다! 그러니 지금 당장 하나님의 모습이 또렷하게 보이지 않더라도 난 그분에 대한 헌신을 멈추지 않겠다.

전서(傳書) 비둘기

아마 비둘기를 보지 않는 사람은 한 사람도 없을 것이다. 인도에서는 까마귀만큼은 아니지만, 아주 흔하게 찾아볼 수 있는 새이다. 사실 나는 비둘기에 대해 더 많이 알게 되기 전까지는 이 조류, 특히 전서(傳書) 비둘기(homing pigeon)가 인도에서 얼마나 유용하게 쓰이는 종인지 알지 못했다.

전서 비둘기는 멀리 떨어져 있어도 집을 찾아오는 능력을 지닌 비둘기의 한 종이다. 야생에서 비둘기는 자신의 둥지와 가족들을 찾아 돌아갈 수 있다. 이러한 습성을 발견한 인간은 편지를 운반하는데 전서 비둘기를 사용했다. 문자 메시지와 이메일이 존재하지 않던 시절(그게 언제인지 기억도 나지 않는다) 사람들은 얇은 종이에 편지를 써서 전서 비둘기의 한쪽 다리에 달려있는 작은 관에 그 편지를 넣고는 비둘기를 날려 보냈다. 이것을 비둘기 우편이라고 불렀다.

'전서 비둘기'의 시조는 『창세기』 '노아의 방주' 편에서 나온다. 비둘기가 올리브 잎을 물고 오자 육지를 발견한 것으로 안 노아가 기뻐하고 있다.

자유의 투사이자 '마이소르의 호랑이'로 유명했던 티푸(Tipu) 술탄은 편지를 보내는데 비둘기를 사용했다. 실제로 세링가파탐 (Srirangapatna)의 자마 마스히드(Jama Masjid) 사원에 있는 그의 본부를 방문하면 당시에 사용했던 비둘기 구멍들을 볼 수 있다. 또한 최근까지도 오릿사(Orissa)에서는 자연재해 발생 시의 비상 연락 수단으로 전서 비둘기를 이용했다고 한다.

전서 비둘기들이 집에서 멀리 떨어진, 그것도 처음 와보는 곳에서도 어떻게 집을 찾아갈 수 있는지 나는 궁금했다. 그래서 알게 된 내용은 놀라우면서도 신앙적인 가르침을 주는 것이었다.

현재 대부분의 연구자들은 비둘기가 "지도와 나침반" 시스템을 이용하여 집을 찾아간다고 믿는다. 비둘기에 내재된 "지도"는 집으로 가는 길이 어느 방향인지를 판단하게 만들고, 비둘기에 내재된 "나침반"은 바로 그 방향으로 날아가게 만든다. 그 "지도"가 집으로 가는 길을 어떻게 알려주는가에 대해서는 여전히 논의가 오가고 있지만, 비둘기의 나침반이 바로 태양과 지구의 자기장이라는 사실에 대해서는 연구자들이 만장일치로 동의한다.

연구자들은 몇 차례의 흥미로운 실험을 통해 비둘기가 맑은 날에는 태양을 나침반 삼아 방향을 찾는다는 것을 밝혀냈다. 하지만 날씨가 흐린 날이라도 지구의 자기장에 민감한 비둘기라면 집으로 가는 길을 찾아낼 수 있다. 더 나아가 연구자들은 날씨가 흐린 날 비둘기들의 몸에 강한 막대자석을 달아보았고, 그러자 비둘기의 나침반 시스템은 지구의 자기장도 제대로 감지하지 못하고 방향 감각을 잃어버렸다. 이것이 자석의 자성 때문이라는 것을 증명하기 위해 자성이 없는 놋쇠 막대를 비둘기에게 달자, 비둘기들은 문제없이 목적지에 도달할 수 있었다.

자석이 비둘기의 방향 감각을 흐리게 만드는 것을 보며 우리 기독교인들이 이 세계의 자석과도 같은 미혹에 의해 신앙의 길에서 종종 방향을 잃고 산만해진다는 것이 떠올랐다.

때로는 모든 일이 순조로워서 미혹에 대해 저항하고 그리스도에게 충실한 것이 쉽게 느껴질 때도 있다. 모든 일이 밝게 잘 진행될 때는 마치 날씨가 맑은 날의 전서 비둘기들처럼 우리 또한 하나님의 아들을 추종하는 사람으로서 살아갈 수 있다. 우리는 하나님이 우리의 삶 속에서 우리와 함께 하고 계심을 볼 수 있고, 그것은 우리가 그분을 따르게 하는 동기를 부여한다.

하지만 우리 삶에는 구름이 끼고 우리 삶에서 어려운 시기를 지날 때면 하나님의 아들이 전처럼 분명하게 보이지 않는다. 예를 들면 우정에 금이 가거나, 구직에 실패하거나, 동료와 갈등이 있거나, 승진이 좌절되었을 때가 그런 시기이다. 어떤 일을 겪었던 간에 우리 삶이 구름에 가려 흐려지면 하나님의 아들이신 예수님이 잘 보이지 않는다. 그리고 우리는 고독과 방황을 겪는다.

이때 과거의 미혹과 나쁜 습관에 대한 기억들이 떠오르고 다시 우리를 강력하게 유혹하는 온상이 만들어진다. 하나님의 말씀은 무겁고 부담스러운 것으로 다가오는 반면, 이 세계의 미혹은 갑자기 예전보다 훨씬 더 우리를 만족시키는 존재로 느껴진다. 따라서 우리는 자기만족의 길을 걸으며 과거의 파괴적인 사고방식으로 돌아가기를 택한다. 또한 우리가 회개하여 다시 예수님을 따르고자 얼마나 진실하게 노력하고 갈망하는지에 상관없이 우리는 하나님으로부터 계속해서 멀어진다. 우리는 무엇이 그분을 기쁘게 하는지를 생각하고 우리 자신의 방식이 아닌 그분의 방식을 선택하는 것에서 멀어진다.

이것이 바로 우리 삶의 '구름 낀' 시기에 사탄이 우리를 혼란스럽고 정신을 산란하게 만들기 위해 사용하는 자석이라고 생각한다. 사탄은 우리가 우울하고 의욕을 잃었을 때, 그리고 우리 주위에 어둠이 몰려와 있을 때 우리에게 다가온다. 그는 하나님과 함께 걷고자 하는 우리의 방향 감각을 혼란시키기 위해 유혹이 가득한 자석을 가지고 우리를 찾아올 것이다. 그는 이 세상에서 우리의 마음을 끄는 매혹적인 것들을 우리에게 내밀 것이다. 아니면 우리가 예수님을 따르기 위해 멀리하겠노라고 맹세한 파괴적인 습관들을 다시 일으키고자 할 것이다.

조심하고 경계하지 않으면 우리는 자신도 모르게 이 세계의 강력한 자력에 이끌릴 것이다. 우리는 이 세계의 기준에 따라 우리의 관계와 우선순위들을 계산할 것이고, 이 세계의 가치에 순응하기 시작할 것이다.

'로마서' 12장 2절에서 바울은 사탄의 자석으로 인해 일어나는 이러한 순응을 경고한다.

너희는 이 세대를 본받지 말고 오직 마음을 새롭게 함으로 변화를 받아 하나님의 선하시고 기뻐하시고 온전하신 뜻이 무엇인지 분별하도록 하라.

바울은 우리가 이 세계에 순응하지 않고, 그 대신 완전히 새로운 사람으로 바뀌어야 한다고 말한다.

- 우리의 죄스러운 생활방식은 바뀌어야 한다.
- 우리의 죄스러운 습관들은 바뀌어야 한다.
- 우리의 죄스러운 태도는 바뀌어야 한다.

그리고 바울은 우리의 마음을 새롭게 함으로써 새사람이 되라고 말한다.

• 우리는 우리를 위한 하나님의 위대하신 약속을 스스로 되새김으로써 끊임없이 우리의 마음을 새로이 해야 한다.

• 우리는 전능하신 하나님께서 얼마나 대단하신 분인지 스스로 되새김으로써 끊임없이 우리의 마음을 새로이 해야 한다.

• 우리는 우리가 저지른 과거의 죄를 용서하고 씻어내시는 하나님의 무한한 자비를 다시 한 번 생각함으로써 끊임없이 우리의 마음을 새로이 해야 한다.

• 우리는 거룩하시고 완벽하신 하나님의 아들과 딸로서 우리가 그분께 다해야 할 헌신에 대해 생각함으로써 끊임없이 우리의 마음을 새로이 해야

한다.

- 우리는 스스로 마음을 새롭게 함으로써 우리의 나침반을 재설정한다. 우리는 방향을 잃게 만드는 사탄의 미혹들을 거부하고, 하나님의 말씀을 우리의 도덕적 나침반으로 삼는다.

날씨가 맑은 날에는 우리 삶 속에 존재하시는 예수님을 쉽게 볼 수 있다는 사실을 우리는 알고 있다. 그리고 그러한 날들이 찾아오면 우리는 매우 기뻐한다. 하지만 날씨가 흐린 날일지라도, 우리는 마음을 새로이 하고 도덕적 나침반을 하나님에 대한 진실에 맞추려는 의지를 품어야 한다.

그러면 먹구름이 언제나 태양에게 자리를 내주듯이, 우리 삶에 드리운 먹구름 또한 지나가고 우리는 하나님의 빛나는 아들을 우리 삶 속에서 다시 만날 수 있을 것이다. 먹구름은 우리의 바람보다 더 오랫동안 남아있을지도 모르지만, 그것이 영원하지는 않다는 것을 우리는 당연히 알고 있다. 혹여 먹구름이 우리의 마지막 날까지 남아있더라도, 그분께서 돌아오시면 먹구름은 마지막 한 점까지 걷히고, 우리는 정오의 태양처럼 빛나는 그분을 영원히 보게 될 것이다.

『피지올로구스』제35장에 비둘기에 얽힌 이야기가 소개되어 있다.

세례 요한이 이르기를 "요한이 또 증언하여 이르되 내가 보매 성령이 비둘기 같이 하늘로부터 내려와서 그의 위에 머물렀더라."라고 했다.(요한복음 1; 32) 그리고 하늘에서 들리는 소리가 있어 가로되 "하늘로부터 소리가 있어 말씀하시되 이는 내 사랑하는 아들이요 내 기뻐

하는 자라 하시니라." 라고 했다.(마태복음 3; 17)

비둘기 사육사는 저마다 깃털을 뽐내는 온갖 색깔의 비둘기를 키운다. 사육사가 비둘기들을 날려 보내면 돌아올 적에 다른 사육사가 기르는 비둘기를 데려오는 법이 없다. 보통 비둘기들은 다른 비둘기들을 설득해서 끌어올 능력이 없지만, 붉은 비둘기만이 다른 비둘기들을 원래 있던 비둘기 집으로 몰고 온다.

하나님은 그리스도가 태어나기 전에 많은 비둘기들을 날려 보내셨다. 모세, 엘리야, 사무엘, 예레미야, 이사야, 에스겔, 다니엘, 그리고 많은 다른 예언자들을 보내 생명의 복음을 전파하도록 하셨다. 하지만 그 누구도 인간을 생명으로 이끌지 못했다. 하나님은 마지막으로 그리스도를 하늘에서 파견하셨다. 그리스도는 자신의 피를 흘리시고 이로써 모든 인간을 생명으로 이끄셨다. 그리스도가 이르시되 "수고하고 무거운 짐 진 자들아 다 내게로 오라 내가 너희를 쉬게 하리라."(마태복음 11; 28)하고 말씀하셨다.

그리스도는 붉은 비둘기와 같다. '아가' 5; 10에서 "내 사랑하는 자는 희고도 붉어 많은 사람 가운데에 뛰어나구나"하고 노래한 것과 마찬가지이다. 여기서 내 사랑하는 자는 그리스도이다. 한낱 창녀에 불과했던 라합도 진홍색 줄에 대한 믿음으로 자신의 생명뿐만 아니라 가족과 친척들을 구원했다. (여호수아 2; 21) '마태복음'에는 그리스도가 십자가로 가기 전에 "그의 옷을 벗기고 홍포를 입히며"라고 나와 있으며(27; 28), '요한복음'에도 "군인들이 가시나무로 관을 엮어 그의 머리에 씌우고 자색 옷을 입히고"(19; 2)라고 나와 있다. 이 색깔들은 그리스도의 육화에 대한 비밀이자 왕의 신분을 의미한 것이다.

제10장

우리는 삶에서 죄악에 맞서 싸우지만,

죄악의 머리가 아닌 꼬리를 공격할 뿐이다.

도무지 믿기지 않네. 분명 도마뱀을 잡았다고 생각

했는데.

lizard 도마뱀

    도마뱀은 내가 가장 싫어하는 동물이다. 하지만 도마뱀에게도 역할이 있다는 걸 이제는 알고 있다. 예를 들어, 도마뱀은 내가 싫어하는 또 다른 곤충인 모기를 잡아먹기 때문에 성가신 모기의 개체 수를 줄이는 데 도움이 된다. 그래도 여전히 나는 가정에서 키우는 집 도마뱀을 보면 불쾌감이 든다.

    나는 집 도마뱀과 수없이 많은 "전쟁"을 치러왔지만, 그때마다 거의 항상 도마뱀과 닿는 게 싫어서 내가 도망치는 거로 끝났다. 하지만 도마뱀에 대한 흥미로운 사실도 알게 됐다. 도마뱀의 꼬리가 붙잡히거나 공격받으면 놀라운 일이 일어난다. 도마뱀의 몸에서 꼬리가 떨어져 나가고, 도마뱀은 꼬리 없이 도망가 버린다. 출혈도 탈골도 없다. 하지만 꼬리는 도마뱀의 몸에서 완전히 떨어져 나간 후에도 계속해서 꿈틀거린다. 이런 상태가 몇 분 동안 지속되다가 결국에는 멈춘다. 하지만 도망간 도마뱀은 꼬리를 찾아 다시 돌아오지 않는다. 이때 도마뱀은 조금도 고통을 느끼지 않는 것 같으며, 시간이 지나면 꼬리가 다시 자라난다.

이것이 너무 신기해서 조사를 해보았는데, 도마뱀에게 흔히 일어나는 현상이라고 한다. 도마뱀의 꼬리는 공격을 받으면 몸에서 "떨어져 나가도록" 만들어졌다. 도마뱀은 이를 포식자에게서 벗어나기 위한 효과적인 전략으로 이용한다. 포식자가 꼬리를 붙잡고 있는 사이에 도마뱀은 도망치는 것이다. 꿈틀거리는 꼬리에도 목적이 있다. 도마뱀이 빨리 도망갈 수 있도록 잠시 동안 포식자의 눈길을 돌린다. 이 현상을 '자기 절단'이라고 부른다. 또한 꼬리를 잃어버린 도마뱀은 새 꼬리가 자라난다는 사실도 알게 되었다. 성체 도마뱀은 몇 개월이 지나면 '재생'이라는 과정을 거치며 꼬리가 다시 자라난다.

얼마나 멋진가! 하지만 나는 이 현상을 보며 죄악에 맞서는 우리의 싸움에 대한 교훈을 얻을 수 있다고 생각한다.

먼저 한 가지 짚고 넘어갈 것은, 내가 다양한 동물들에 빗대 내 주장을 펼칠 때는 그 동물을 선과 악 중 어느 하나를 특정하지 않는다는 것이다. 새로운 빛을 향해가는 내 신앙의 여정을 표현하기 위한 시각적 이미지로서 동물과 그들의 행동을 이용할 뿐이다. 내가 개의 충직함이나 사자의 포효에 대해 말한다고 해서 개는 선하고 사자는 악하다고 말하는 것은 아니다. 따라서 이번에도 같은 방식으로 도마뱀과 그의 꼬리에 대해 살펴보려고 한다.

하나님의 자녀로서 우리는 삶에서 만나는 사탄과의 싸움에 동참한다. '로마서' 16장 20절에서 바울은 "평화를 주시는 하나님께서 사탄을 여러분의 발아래 굴복시켜 주실 날이 멀지 않았다."라고 말한다.

여기서 "여러분의"라는 단어를 눈치챘기 바란다. 하나님께서는 우리의 발아래 사탄을 굴복시키고자 하신다. 그렇다면 그분께서는 우리가 어떻게 그 일을 해내길 바라시는가? 우리의 본보기이신 예수님께서 사탄을 무찌르신 것과 같은 방식으로 말이다.

예수님께서는 과연 어떻게 사탄을 무찌르셨는가? 그에 대한 답은 인간이 최초로 죄악을 저질렀던 창세기에서 찾을 수 있다. 아담과 이브가 에덴동산에서 죄를 저지른 후 하나님께서는 '창세기' 3장 15절에서 예수님과 악마에 대한 이런 말씀을 하셨다.

"내가 너로 여자와 원수가 되게 하고 네 후손도 여자의 후손과 원수가 되게 하리니 여자의 후손은 네 머리를 상하게 할 것이요 너는 그의 발꿈치를 상하게 할 것이니라 하시고."

머리를 공격하면 어떤 동물이라도 바로 죽을 수 있다는 것은 우리 모두 아는 사실이다. 그래서 하나님께서도 이런 비유를 통해 예수님께서 어떻게 사탄을 무찌르셨는지 묘사하신 것이다. 하나님의 아들이신 예수님은 33년의 일생 동안 죄악의 "머리"를 공격하셨다. 그리고 이제 하나님께서는 그분의 남은 아들들과 딸들이 같은 일을 해주길 바라신다.

이것을 우리에게 어떻게 대입할 수 있을까? 기독교인들은 우리가 죄악과 싸워야 한다는 것을 알고 있다. 우리가 죄악과 싸우기만 할 뿐 그것을 극복하지는 않는다면 이것은 하나님의 바람이 아니다. 그분께서는 죄악들이 남아 곪아터져 우리를 고문하도록 만드시는 잔인한 분이 아니시다. 그분께서는 우리가 죄악을 이겨내고 죄로부터 더욱 자유로운 삶을 살 수 있도록 그분의 성령을 마음껏 허락하신다. 그런데 우리가 어떤 일에서는 절대 승리를 거두지 못하는 이유는 무엇인가?

내 생각에 그 이유는 우리가 종종 악마의 꼬리를 밟기 때문이다. 우리는 삶에서 죄악에 맞서 싸우지만, 계속해서 죄악의 머리가 아닌 꼬리를 공격할 뿐이다. 그렇기에 때로 우리는 일시적인 승리감을 맛보고 우리 자신이 이겼다고 생각하지만, 죄악은 여전히 강한 존재로 남아있고 꼬리는 다시 자라났을 뿐이다.

몇 가지의 죄악은 다루기 쉽지만, 그 외의 것들은 훨씬 더 골치가 아프다. 어떤 사람들의 경우에는 분노의 성향이 그러하다. 또 다른 사람들은 성적인 욕망에 대한 충동이나 자신의 혀를 통제할 수 없는, 즉 타인에게 둔감하고 상처 주는 말을 하는 성향이 그에 해당된다. 젊은이들은 종종 삶과 그 의미에 대한 깊고 탐구적인 질문들을 품은 채 고군분투한다. 자신의 정체성에 대한 질문들, 나는 누구인가, 나는 여기서 무얼 하고 있는가, 나의 목표는 무엇인가 등 외양에 대한 질문들 나는 너무 뚱뚱해, 나는 너무 말랐어, 내 몸은 다른 사람들처럼 근육질이 아니야 등 많은 사람들이 그 깊은 질문들을 쉽게 떨쳐버리지 못한다.

우리가 어떻게 머리가 아닌 꼬리와 싸우게 되는지 성욕의 죄악을 예를 들어 말해 보겠다.

대부분의 젊은이들은 성욕의 영역 안에서 분투한다. 그들의 삶에 만연한 그 압도적인 욕망은 생각 속에만 머물다가 빠르게 부풀어 올라, 음란물에 대한 중독과 심지어는 부적절한 성생활에 대한 채울 수 없는 갈증으로 이어진다. 우리는 기독교인으로서 그러한 욕망과 싸워야 한다고 배웠기 때문에 배운 대로 실천한다. 우리가 실수를 저지르도록 만드는 이미지들을 보지 않으려 하고, 우리를 타락하게 만드는 인터넷 사이트들을 멀리한다.

이러한 노력들은 죄악을 넘어서기 위한 중요한 단계이지만, 결국에는 머리가 아니라 꼬리를 공격하려고 한다.

이 대목에서는 내 뜻을 이해해 주길 바란다. 이러한 방식으로 죄악과 싸우는 것이 틀렸다고 말하는 것은 아니다. 우리는 이러한 노력을 해야만 한다. 죄악의 몸체는 어디든 공격할 가치가 있다. 내가 하려는 말은 죄악에 맞서는 우리의 여정 전체를 보았을 때 그러한 공격은 부수적인 부분이라는 것이다. 맨 먼저 우리 삶에 존재하는 죄악의 머리에 치명타를 가해야 한다. 우리가 꼬리에만 집중한다면 죄악은 마치 도마뱀의 꼬리처럼 다시 자라나 계속해서 존재할 것이다.

죄악의 머리를 공격해야 한다는 말은 곧 이것을 의미한다. 우리는 누구에게 책임이 있으며 누가 통제하고 있는지, 즉 누가 머리인지의 문제를 명확히 해야 한다.

우리는 예수님을 우리의 구원자라 부르고 매주 일요일에 교회에 가며, 예수님을 향해 기도하고 그 외에도 다양한 종교적인 활동에 참여한다. 하지만 예수님께서 우리 삶의 머리는 아닐 수도 있다. 다시 말해, 예수님께서는 내가 하는 모든 일에 관여하실 수 있지만, 그분이 우리 삶의 주인은 아닐 수도 있다는 말이다. 대신 우리에게는 또 다른 머리가 있다. 바로 우리 자신과 사리사욕이다. 우리가 스스로의 삶을 직접 운영하고 싶거나 자신의 이기적인 욕망을 충족시키고 싶다면, 또는 우리 삶의 어떤 특정한 부분에서는 하나님께 무조건 순종하고 싶지 않다면, 우리 삶의 머리는 우리 자신이다.

가장 맹렬하게 공격해야 하는 대상은 바로 이 머리, 즉 나 자신의 의지이다. 우리는 스스로의 삶을 통제하기를 갈망하는 우리 안의 이러한 태도를 격렬하고 무자비하게 공격해야 한다.

우리는 통제권을 사이에 둔 이 싸움이 우리의 신앙생활에 얼마나 중요한지에 대해 눈을 떠야 한다. 고귀한 천사를 사악한 악마로 만든 원인이 결국 통제에 대한 근본적인 질문이었다는 사실을 우리가 짚고 넘어갔는지 잘 모르겠다. 성스럽고 위대한 하나님의 품 안에 있던 천사가 악마가 된 것은 그가 스스로 모든 것을 통제하고 하나님과 동등해지고 싶어 했기 때문이다. 그는 하나님을 절대적인 주인으로 여기지 않았던 것이다.

따라서 죄악과 맞선 싸움에서 우리는 "주도권"을 얻기 위한 싸움을 마음속 가장 우선순위에 두어야 한다. 우리가 하나님의 권위에 항복하고 굴복하는 것은 곧 겸손함의 자세를 갖추는 것이다. 우리가 그 어떤 죄악도 극복하기 위해 필요한 하나님의 은총을 받는 것은 오로지 겸손의 자세를 취해야만 가능하기 때문에, 겸손의 자세는 필수적이다.

조지 뮐러(George Müller;1805-98)의 간증으로 이 글을 마무리하겠다. 그는 1800년대에 살았던 영국인이다. 그는 일평생 10,000명이 넘는 고아들을 돌보았던 비범한 사람이었다. 오늘날, 특히 이처럼 사회 정의에 대해 의식적인 시기에 많은 사람들이 그의 봉사 생활을 따라하고 싶어 한다. 하지만 그의 봉사 생활에 대한 비밀을 아는 이는 적다. 그의 나이 90대였을 때, 그가 행한 봉사의 비밀이 무엇인지 뮐러는 이렇게 말했다.

"내가 굴복했을 때, 완전히 굴복해버렸을 때가 있었습니다." 그리고 그는 이 말을 하면서 점점 더 낮게 몸을 숙여서 바닥을 닿을 지경이 되었다. "나는 조지 뮐러에게, 그의 의견과 선호와 취향과 의지에 굴복했습니다. 나는 이 속세에, 세상의 인정과 비난에, 심지어 나의 교우들과 친구들의 인정과 비난에 굴복했습니다. 그리고 그 이후로 나는 오로지 나 자신을 하나님 앞에 인정받기 위해 공부해왔습니다."

조지 뮐러는 93세의 나이에 세상을 떠났다. 하지만 그가 20대였을 때, 그는 자신의 삶 속에 존재하는 죄악의 머리에 치명타를 가하기로 결심했다. 그 머리는 바로 자신의 관심과 선호, 취향, 의지에 따라 삶을 살아가고 통제하고 싶은 이기적인 열망이다.

우리의 삶 또한 이와 같기를 바란다.

『피지올로구스』 제2장에서는 도마뱀을 다른 시각으로 바라보고 있
다.

피지올로구스는 도마뱀이 나이가 많이 들면 두 눈이 보이지 않는다
고 한다. 그런 지경에 이르면 도마뱀은 천성적으로 태양이 솟는 쪽으
로 마주한 벽을 찾아내 그 갈라진 틈으로 기어든다. 그런 다음 해가 솟

으면 햇빛을 바라는 도마뱀의 두 눈이 번쩍 뜨이고 예전처럼 활발해진 다는 것이다.

그대도 이와같이 따르라. 그대가 낡은 인간의 옷을 걸쳤거든, (에베 소서 4; 22 / 골로새서 3; 9) 그리고 진리를 바라는 그대의 두 눈이 탁 해지거든 떠오르는 정의의 태양 (말라기 3; 20), 곧 예수 그리스도를 찾아 나서야 한다. 예언서에서는 그분의 이름이 '떠오른다'는 뜻이라 고 한다. "만군의 여호와께서 이같이 말씀하시되 보라 싹이라 이름하 는 사람이 자기 곳에서 '돋아나서' 여호와의 전을 건축하리라."(스가랴 6; 12)

주님께서 몸소 그대 가슴의 눈을 활짝 뜨게 하고, 마음 구석에 도사 린 어둠을 말끔히 거두어 낼 것이다.

제11장

영적인 리더는 그분의 양들을 지키기
위해서라면 기꺼이 나의 삶, 명성, 자부심을
내려놓는다.

양치기 개들이 가까이에 있을 때는 사는 것이 제한
적이고 엄격하다. 하지만 늑대의 공격으로부터 날
보호해 주니, 개들과 함께 지내는 것은 그럴만한
가치가 있다.

dog 양 치는 개

양 치는 개(牧羊犬, 목양견)를 키우는 한 친구의 집에 머물렀던 적이 있다. 이 개의 겉모습은 내가 그전까지 봐왔던 다른 개들과 다를 바 없지만, 성격과 행동은 꽤나 놀라웠다. 잘 짖지도 않으며 매우 단호한 성격이었다. 아주 충직하며 용감해서 집을 지키는 능력이 뛰어나 어린아이들이 있는 가정에서 키우기에 안성맞춤이었다.

그래서 나는 이 동물에 대해 더 알아보기로 했다. 양치기 개에 대해 더 많은 자료들을 읽어 본 결과, 이 개는 자신이 아는 사람들에 대한 애정이 매우 깊다는 사실을 알았다. 양치기 개는 인간의 훌륭한 동료로서 적응해왔으며 매우 부지런하고 순종적이다. 다른 개들이나 애완동물과도 제법 잘 어울린다. 그러나 낯선 이들에게는 비교적 마음을 잘 열지 않고, 환영하지 않는 사람일 경우 길을 막아서기도 한다.

하지만 내 마음을 사로잡은 건 양치기 개들이 야생에서 양들을 돌볼 때의 행동이다.

양치기 개가 주로 하는 일은 양을 돌보는 목동을 돕는 것이다. 산악 지역에서는 오랜 기간 동안 양치기 개 혼자 양 떼와 함께 있도록 놔두기도 한다. 매우 믿음직스러운 이 양치기 개들은 양들을 두고 돌아다니지 않는다. 늑대와 같은 포식자들을 항상 경계하고 있으며, 어떤 포식자가 다가오든 공격적으로 쫓아버린다.

나는 또한 양들이 보통 양치기 개를 그다지 좋아하지 않는다는 사실을 알게 되었다. 일단, 양치기 개는 양을 공격하는 늑대와 닮은 날카로운 송곳니를 가지고 있다. 물론 양치기 개는 절대 양을 공격하거나 해치지 않는다. 하지만 양치기 개가 가장 신경 쓰는 것은 양의 편안함이 아니다. 양치기 개는 항상 양들의 줄을 맞추고 돌아다니지 못하게 한다. 언제나 경계를 유지하고, 땅과 공기의 냄새를 맡으며 사방을 둘러보고, 항상 늑대를 주시하고 있다. 늑대의 냄새가 조금만 나도 양치기 개는 행동을 개시하여 양들을 모아 안전한 곳으로 이동시킨다.

그렇기에 양들은 평소에는 이 경비견을 딱히 신경 쓰지 않는다. 물론 늑대가 나타나기 전까지는 말이다. 늑대가 나타나면 양 떼 전체가 보호받기 위해 양치기 개를 바라본다. 그때는 양치기 개가 시키는 일이라면 뭐든지 한다. 양 떼 전체가 빠르게 달려가서 혼자 있는 양치기 개 뒤에 숨는 건 불가능하다. 늑대와 마주쳤을 때 그들이 보호받을 수 있는 유일한 희망이 양치기 개인 것이다.

내가 찾은 양과 양치기 개 사이의 근본적인 차이점이 바로 이것이다.

양들은 마치 늑대가 존재하지 않는 것처럼, 절대 자신들을 공격하지 않을 것처럼 살아간다. 하지만 양치기 개들은 늑대가 언제라도 나타날 수 있을 것처럼 살아간다. 개들의 존재는 그들에게 맡겨진 양들을 보호하는 것으로 규정되어 있다.

이타적인 보호자의 얼마나 아름다운 모습인가. 자신보다 더 약한 존재의 생존을 위해 희생하는 얼마나 아름다운 사례인가.

우리는 예수님이 우리의 선한 목자이시고 우리는 그분의 양이라는 것을 알고 있다. 그분께서는 요한의 복음서에서 이를 말씀하신다. 예수님은 양치기 개에 대해 말씀하지 않지만, 나는 양치기 개가 있어야 할 자리를 보았다. 나는 하나님께서 내 주위에 보내신 양들과 선한 목자를 돕는 양치기 개가 되고자 하는 영감을 얻었다.

선한 목자를 돕는 훌륭한 양치기 개는 매우 필요하다. 예수님께서는 마태복음 9장 36-38절에서 이렇게 말씀하신다.

"무리를 보시고 불쌍히 여기시니 이는 그들이 목자 없는 양과 같이 고생하며 기진함이라 이에 제자들에게 이르시되 추수할 것은 많되 일꾼이 적으니 그러므로 추수하는 주인에게 청하여 추수할 일꾼들을 보내 주소서 하라 하시니라."

양치기 개가 하는 일은 주로 힘든 만큼 보상을 받지 못하는 일이다, 교회에서 그와 동일한 역할을 하며 교회의 중심부를 보호하기 위해 시간과 노력을 쏟는 이들은 대개 간과되고, 당연한 것으로 받아들여지며, 심지어는 방해물이자 고통으로까지 여겨진다. 진정으로 영적이고 독실한 지도자들은 하나님의 말씀으로부터 얻은 진실의 말씀을 설교하여 죄악과 기만을 폭로한다. 그들은 심장을 관통하는 성령의 판결을 가져온다. 따라서 마치 양치기 개가 늑대와 같은 날카로운 송곳니를 가진 것처럼, 성령의 날카로운 검과 같은 하나님의 말씀을 휘두르며 사람들을 자신의 감시하에 줄 세워 두려 하는 독실한 지도자는 떠돌아다니는 양 떼에게 불편한 존재로 느껴질 수 있다.

하지만 독실한 지도자를 사악한 자로 절대 착각해서는 안 된다. 독실한 지도자는 절대 양을 다치게 하거나 그들에게 해를 입힐 만한 행동을 하지 않는다. 독실한 지도자는 무리를 통제하는 데는 전혀 관심이 없다. 그들은 오직 교활한 늑대들의 갑작스러운 공격으로부터 양들을 보호하기 위해 살아갈 뿐이다.

그렇다면 양치기 개가 된다는 것은 어떤 의미인가?

• 선한 목자의 삶을 아주 가까운 곳에서 지켜보고 공부한다는 것을 의미한다. 따라서 나는 겉으로 보이는 그분의 행동들은 지나치고 그분의 마음속에 있는 짐을 생각해야 한다. 나는 그분에게 가장 큰 활력을 주는 것들에게

주목한다. 그분 자신의 안녕보다도 더 중요한 것, 즉 그분이 돌보는 양들의 안녕이다.

- 나는 그분의 삶에 항상 존재했던 바로 그 성령을 진심으로 갈망한다.
- '고요함'과 '휴식'의 시간은 내가 싸움을 사전에 대비할 수 있게 하는 기회이다.
- 목동이 지니는 열정이 무슨 수를 써서라도 양들을 보호하고 지키려는 것이라면, 그것이 또한 내가 지닌 열정이다. 따라서 나는 스스로를 하나님의 약속과 갑옷으로 완전 무장한다. 나는 마귀가 공격할 것이라는 사실을 알고 있다. 단지 그게 언제인지는 모르기에 나는 항상 경계하고 감시한다.
- 늑대가 공격하는 날은 선한 목동을 대신할 날이다. 나는 성령의 검을 사용하기 위해 혼자서 훈련을 계속해 왔기에, 양이 다치지 않도록 하면서도 과감하고 격렬하게 늑대를 공격하기 위해 그 검을 사용할 것이다. 그분의 양들을 지키기 위해서라면 나는 기꺼이 나의 삶, 명성, 자부심을 내려놓고 그들을 삶의 길 위에서 지켜줄 것이라는 의미이다.

바울이 에베소에 있는 교회의 지도자들에게 한 말을 천천히 읽어 보라. '사도행전' 20장 28-30절

여러분은 자기를 위하여 또는 온 양 떼를 위하여 삼가라 성령이 그

들 가운데 여러분을 감독자로 삼고 3)하나님이 자기 피로 사신 교회를 보살피게 하셨느니라.

내가 떠난 후에 사나운 이리가 여러분에게 들어와서 그 양 떼를 아끼지 아니하며 또한 여러분 중에서도 제자들을 끌어 자기를 따르게 하려고 어그러진 말을 하는 사람들이 일어날 줄을 내가 아노라.

부디 하나님께서 선한 목동을 위한 충직하고 헌신적인 양치기 개들을 많이 길러내시길!

제12장

하나님의 말에 귀를 기울이게 하는 전령사

종달새는 아름다운 목소리로 노래하지만, 수탉의
울음소리는 듣기에 전혀 기분 좋은 소리가 아니다.
하지만 둘 다 나를 잠에서 깨워 아름다운 해돋이를
보게 해주니, 나는 그들 모두를 인정한다.

종달새와 수탉

지금부터는 두 종의 동물들을 대조해 보겠다.

첫째로, 종달새와 수탉에 대해 이야기하고자 한다. 인도에 사는 이들은 수탉을 본 적이 있을 것이다. 그리고 셰익스피어에 대해 공부한 이들은 종달새에 대해 읽어 본 적이 있을 것이다.

종달새는 공중을 가볍게 날아다니는 작고 복슬복슬한 새이다. 이른 아침이면 종달새는 노래하는 것처럼 짹짹거리는 소리를 낸다. 나는 셰익스피어의 작품을 통해 이 새에 대해 처음 알았는데, 셰익스피어는 종달새가 태양을 깨우는 새라고 표현했다. 그는 종달새를 "아침의 전령"(『로미오와 줄리엣』)이자 '바쁜 하루'를 깨우는 존재(『트로일로스와 크레시다』)로 묘사했다.

'태양을 깨우는 새'라는 이름에 도전할 수 있는 유일한 새는 수탉이다. 어머니는 뒤뜰에서 수탉을 몇 마리 키우셨고, 그래서 나도 이 동물에 대해 꽤 잘 알게 되었다. 수탉의 체형은 그다지 공기 역학적이지 않기 때문에 비행 실력이 아주 형편없던 것으로 기억하고 있다. 또 수탉들은 우리가 뒤뜰에서 크리켓 경기를 하는 중간에 항상 끼어들곤 했다. 하지만 수탉의 울음소리는 아침의 기억 중 가장 인상적이었다. 수탉의 울음은 종달새처럼 고운 소리는 아니지만, 나의 유년기와 그 시절의 수많은 좋은 기억들을 떠오르게 한다.

다음 날의 아침을 나타내는 수탉의 울음소리는 성경에서 언급되어 있다. 예수님의 죽음 전 최후의 만찬에서, 예수님께서는 수탉이 울기 전에 베드로가 자신을 세 번 부인할 것임을 예언하셨고, 예수님이 말씀하신 대로 되었다.

따라서 우리가 지금 이야기하고 있는 두 종의 새들은 신체적으로 대비된다. 한쪽은 아름답게 노래하는 작고 복슬복슬한 새이며 역사상 가장 위대한 작가의 사랑을 받았다. 다른 한쪽은 신체 균형이 잘 잡혀 있지 않으며 노래라기보다는 울음소리를 냈고, 베드로의 가장 비극적인 실패를 항상 상기시키는 슬픈 존재이다. 하지만 그 둘은 한 가지 중요한 역할을 공통으로 수행한다. 그들 모두 태양이 떠오르는 것을 알리며 새날이 되었을 때 우리를 잠에서 깨운다.

그리고 이 사실은 또한 내 삶에도 적용해 보도록 만든다.

우리 삶에는 정신적인 종달새와 수탉이 존재한다. 그들은 하나님의 아들의 탄생을 알리며 우리를 예수님과 함께하는 새로운 삶에 눈뜨게 만든다. 따라서 나는 이 둘 모두에게 마음을 열고, 이들이 서로 다른 수단을 사용할 뿐 같은 목적을 가지고 있다는 사실을 깨달아야 한다.

정신적인 종달새란 예수님의 사랑을 나에게 알리고, 그분 안에서의 삶이 지니는 아름다움에 내가 다시 눈뜨도록 해주는 존재이다. 종달새의 소리가 듣기 좋듯이, 하나님께서 말씀을 통해 나에게 전하시는 달콤한 약속들 역시 나에게 평화로운 확신을 주는 듣기 좋은 소리이다.

나는 교회에서 듣는 설교를 통해 그 약속을 듣고, 하나님께서 내 삶의 목적을 정해두셨다는 확신을 얻는다. 그것은 메마른 입술을 축여주는 물과도 같다. 귀에 들려오는 종달새의 노래 소리처럼, 그것은 기쁨으로 가득 차 내 영혼을 달랜다.

하지만 정신적인 수탉 역시 중요한 존재이다. 정신적인 수탉은 내가 섬기는 왕의 명령을 선포하고, 내가 그분의 명령을 경시하는 순간을 지적한다. 수탉의 울음소리가 베드로에게 그 자신의 죄악을 알리는 메시지였듯이 하나님의 말씀 또한 그러하다. 그 메시지는 내가 스스로의 위선을 깨닫게 해준다. 그 메시지는 내 안의 이기심을 상냥하게 때로는 그다지 상냥하지 않게 지적해 주는 친구들과 사랑하는 이들로부터 전해질 수 있다. 그리고 내가 가슴 속 가장 깊은 곳을 들여다보기 위해 하나님을 내 안에 초대할 때, 그분께서도 직접 나에게 그 메시지를 전달해 주신다. 다시 말하지만, 이것을 경험해 본 사람은 내가 무슨 말을 하는지 이해할 것이다. 그것은 우리에게 비통하게 흐느끼고 괴로움의 눈물을 흘리게 해준다. 때문에 그것은 결코 유쾌한 경험으로 느껴지지 않지만, 우리가 거룩하신 하나님 앞에서 스스로 겸허해지도록 만든다.

따라서 하나님과의 여정 속에서 우리에게는 종달새와 수탉 모두 필요하다. 우리 중 많은 사람들은 우리에게 너무나 큰 행복감과 편안함을 주는 종달새에게 자연스럽게 끌리는 경향이 있다. 어쨌든 우리 귀에 음악 소리로 들리기 때문이다. 하지만 우리는 수탉 또한 우리 삶 속에 받아들여야 한다. 수탉은 우리를 겸허하게 만든다. 우리를 무릎 꿇게 만든다. 그리고 우리가 스스로의 결점을 직시하고 하나님의 구제를 원하도록 해준다.

보통 사람은 아마도 정신적인 종달새에 끌릴 것이지만 정신적인 수탉에 이끌리는 이들도 있다. 그들은 자신의 종교 생활 속에서도 "정상에서 어긋나게" 행동하는 사람들이다. 그들은 자신들을 둘러싼 기독교 세계 속에서 느끼는 행복감과 피상적인 영성에 대해 거부감을 느낀다. 때문에 그들은 신성과 회개에 대한 강한 설교에 이끌린다.

그들은 다가오는 심판에 대해 이야기하는 강렬한 설교를 좋아한다. 하지만 그들은 종달새의 소리를 거의 듣지 않기 때문에 자신들의 삶 속에서 깊은 행복감을 얻기 위해 분투한다. 그들의 종교적인 삶을 정의하는 것은 예수님께서 보여주시는 아름다움이나 그분과 함께 하는 여정이 얼마나 멋진지가 아니라, 그들 자신과 다른 사람들에게 어떤 문제가 있는지이다.

종달새의 소리만을 듣는 것은 우리의 마음을 무르게 만들어 잘못된 편안함에 안주하게 만든다. 그리고 수탉의 소리만을 듣는 것은 우리의 마음을 냉정하게 만들어 우울하고 율법주의적인 삶의 미혹에 취약하게 만든다.

예수님께서는 말씀을 마무리 지으실 때 이 문구를 자주 사용하셨다. "들을 수 있는 귀가 있는 자는 들을 수 있게 하라!" 나는 이 문구를 새로운 의미로 사용해 보고자 한다. 우리의 귀를 열어 정신적인 종달새와 수탉 모두의 노래에 귀를 조화시키도록 하자. 그 둘 모두가 하나님의 아들의 전령사가 되어 그분과의 더 나은 삶에 눈 뜨도록 하자.

제13장

그분께서는 그 모습 그대로의 나를 필요로
하신다.

왕들은 주로 나를 타고 다닌다. 그런데 이분은 완전히 다른 왕이다. 이분은 내가 아닌 당나귀를 택했다!

나귀와 말

　당나귀와 말은 생물학적으로 같은 말과에 속하는 두 종이다. 두 종이 겉으로 봐도 닮았기 때문에 같은 과라는 게 그리 믿기 어려운 사실은 아닐 것이다. 하지만 나귀를 보고 말이라고 착각하는 사람들은 그리 많지 않을 것이다. 그들은 생물학적으로 같은 과에 속해 있지만, 겉모습과 쓰임새는 조금 다르다.

　최근에 몇몇 사람들에게 당나귀와 말의 사진을 보여주고 어떤 생각이 떠오르는지 말해달라고 해 보았다. 두 동물에 대한 답변은 정말 완전히 달랐다.

말에 대한 답변 중에는 위엄 있다, 빠르다, 우아하다, 아름답다, 값비싸다, 너무나 갖고 싶다 등이 있었다. 나귀에 대한 답변 중에는 바보 같다, 고집 세다, 못생겼다, 귀가 크다, 값이 싸다, 짐을 나르는 짐승 등이 있었다.

이러한 반응에 대해 놀라는 사람은 없을 거라고 확신한다. 수 세기 동안 왕들과 전 세계의 지도자들은 모두 말을 타고 다녔고, 그들 중 누구도 당나귀를 타고 있는 모습을 보이고 싶지는 않았을 것이다. 우리 중 대부분은 이름난 왕과 지도자들의 조각상이나 그림을 본 적이 있을 것이다. 그리고 그들이 동물을 타고 있었다면 그것은 예외 없이 말일 것이다.

성서에 나오는 구약 시대에도 왕들은 말을 타거나 말이 끄는 전차를 탔다. 전쟁에서 승리하면 왕과 그의 사령관들은 말과 말이 끄는 전차를 타고 의기양양하게 궁으로 돌아왔다. 한마디로 왕들은 당나귀를 타지 않았다. 이는 예수님께서 살던 시대에도 마찬가지였다. 왕들과 귀족들은 말을 타는 것이 당시의 문화였다. 당나귀는 노동자 계층과 빈곤 계층의 동물이었다. 이러한 시각은 예수님께서 예루살렘으로의 "의기양양한" 입성을 어떻게 계획하셨는지에 대해 이해하는데 큰 도움이 된다. 예수님은 그분의 왕국을 소개하기 위해 사용할 동물을 의도적으로 선택하셨다.

마가복음 11장 2-3절

이르시되 너희는 맞은편 마을로 가라 그리로 들어가면 곧 아직 아무도 타 보지 않은 나귀 새끼가 매여 있는 것을 보리니 풀어 끌고 오라.

만일 누가 너희에게 왜 이렇게 하느냐 묻거든 주가 쓰시겠다 1)하라 그리하면 즉시 이리로 보내리라 하시니

예수님께서 선택하신 동물은 새끼 나귀였다. 주님께서 그분의 의기양양한 입성을 위해 필요로 하신 동물은 바로 이 어리고 길들어지지 않은 나귀였다. 예수님께서는 그분을 예루살렘으로 데리고 올 동물로 일부러 나귀를 택하셨다. 그분의 세계에서 말의 화려함과 장엄함은 필요하지 않았다. 그분은 평범하고 소박한 나귀를 원하셨다.

위의 구절을 통해서도 알 수 있듯, 예수님께서 예루살렘에 입성하실 때 사람들은 야자나무 가지를 흔들어 그분의 입성을 알렸고 하나님을 칭송했다. 사람들은 예수님께서 말이 아닌 나귀를 타고 오셨다는 사실을 알아차렸지만, 아마도 예수님께서 말을 구하지 못하셨기 때문일거라 생각했을 것이다. 심지어 지금도 그분께서 필요로 하신 나귀를 찾아오도록 제자들에게 구체적인 지시를 내리셨다는 사실을 대부분의 사람들이 알아차렸을지 나는 의문이 든다.

우리의 삶에 적용해 생각해 보면, 우리는 자신의 망가지고 지저분한 모습을 깨닫고 하나님께서 우리를 필요로 하지 않으신다는 사실을 생각할 수 있다. 우리는 현재, 기능과 인품이 부족한 볼품없는 상태에서 노력하면 스스로 쓸모 있는 존재가 될 것이라고 생각할 수 있다. 우리의 낮은 자존감과 다른 불안한 요소들을 해결한다면 아마도 언젠가는 안쓰러운 당나귀가 아니라 장엄하고 아름다운 말처럼 보이게 될 것이고, 그러면 주님께서 우리를 이용하실 수도 있을 것이다. 그리고 주님께서는 그분의 사랑을 보여줄 수 있는 걸맞은 수단을 갖게 되실 것이다.

우리는 단지 겸손할 뿐이라고 스스로를 속일 수도 있다. 우리가 주님께 쓰이고자 원하지 않는 것이 예수님을 가장 숭배하는 방법이라고 느낄 수도 있다.

따라서 우리는 그분께 "예수님, 저의 종교적인 삶은 마치 당나귀와도 같습니다. 저의 신앙 생활에서는 아름다운 부분을 한 군데도 찾기가 어렵습니다. 반면에 당신은 왕이시며 모든 왕 중에서도 가장 위대하신 분입니다. 당신은 아름다운 말을 탈 자격이 있습니다. 당신을 가장 잘 숭배할 수 있는 장엄한 동물을 가질 자격이 있습니다. 그러니 제가 저 자신의 쓸모없음을 조금만 해결할 수 있게 해주십시오. 저의 행동을 정화할 수 있는 시간을 조금만 주시면 당신을 맞을 준비를 하겠습니다. 저를 가까이에 두신 모습을 보이는 것은 왕으로서 부끄러운 일일 것입니다. 또한 저는 시험되지 않았으며 검증되지 않았습니다. 저는 그저 새끼 나귀일 뿐입니다. 제가 스스로를 정돈하고 더 큰 확신을 품으며 조금 더 나이가 들기를 기다려 주십시오. 그러면 저는 말의 모습과 닮게 될 것입니다. 그렇게 되면 당신을 등에 태우고 다른 이들에게 당신의 모습을 더욱 돋보이게 할 수 있는 존재가 될 것입니다." 하며 말씀드릴 수 있어야 한다

'마가복음' 11장의 이야기가 전하는 메시지는 명확하다. 예수님께서는 말을 필요로 하지도, 원하지도 않으신다. 그분께서는 나귀를 "필요로 하신다." 그분께서는 이 세상에 존재하는 아름답고 세련된 말을 찾고 계시지 않는다. 그분께서는 평범하고 소박한 모습의 나귀를 타고자

하신다.

따라서 비록 여러분이 자신의 모습을 돌아보고 스스로의 종교 생활과 재능이 평범하고 볼품없다고 생각하거나, 스스로가 별 쓸모없는 존재라고 느껴서 항상 고개를 숙이고 있더라도, 하나님께서는 다른 생각을 가지고 계신다. 그분께서는 그 모습 그대로의 여러분을 필요로 하신다.

하나님께서는 나귀에게 어떤 복잡한 과제를 맡기려 하지 않는다. 하나님께서는 아주 단순한 과제를 내리신다. 그분께서는 여러분이 자신 안에 그분을 품고 사람들에게 예수님을 보이길 원하신다. 예수님이 멋지고 위엄 있는 말을 이용했다면, 사람들은 아마 예수님과 그 말을 경외했을 것이다. 하지만 예수님이 나귀를 타고 나타났을 때, 모든 집중과 찬양은 온전히 예수님만을 향했다. 따라서 우리가 이 망가진 삶 속에서 예수님을 모실 때 비로소 예수님은 빛날 것이며 사람들은 그분을 찬양하게 될 것이다.

따라서 망가지고 흉하고 지저분한 종교 생활을 이어가는 우리의 모습 그대로 예수님 앞에 나아가 "예수님, 당신께서 저를 부르셨다고 믿습니다. 당신께서는 제가 종종 스스로를 나귀와 같다고 느끼고 또한 그렇게 행동한다는 사실을 충분히 알고 계심에도 불구하고 저를 필요로 하십니다. 하지만 당신께서 부르셨기에 저는 당신께 왔습니다. 저는 여기 당신을 섬기기 위해 있습니다. 다른 이들이, 그리고 제가 스스로에 대해 어떻게 생각하는지 상관없이, 저는 당신의 목소리를 믿기로 했습니다. 저는 당신께서 저를 이용하시리라 알고 있습니다. 당신의 목적을 위해, 그리고 당신께서 충분히 받을만한 경배를 위해서 말입니다!" 그분께 이렇게 고하자.

다음은 위의 내용과 다른 『피지올로구스』 제9장 '들나귀' 편을 소개
해본다.

'욥기' 39; 5의 "누가 들나귀를 놓아 자유롭게 하였느냐 누가 빠른
나귀의 매인 것을 풀었느냐"라는 대목이다.

암나귀가 몸을 풀 때가 되면 아비 종마가 갓 태어난 새끼들을 차례로 살피다가 그중에 수컷이 있으면 고환을 물어뜯는다. 이는 훗날 자라서 정자를 만들지 못하게 하는 것이다. 이런 모습을 보고 페르시아 사람들은 환관을 만드는 법을 배웠다고 한다.

구약에 등장하는 족장들은 육신의 씨를 퍼뜨리기 위해 애썼다. 반대로 신약의 사도들은 오히려 금욕을 실천했다. 성령의 자식들로서 성령의 역사하심을 입었기 때문이었다. 그래서 성경에 기록된 대로 다음과 같이 씨를 구하려고 했다.

"잉태하지 못하며 출산하지 못한 너는 노래할지어다. 산고를 겪지 못한 너는 외쳐 노래할지어다. 이는 홀로 된 여인의 자식이 남편 있는 자의 자식보다 많음이라 여호와께서 말씀하셨느니라."(이사야서 54: 1)

정결의 의무를 지키는 일은 칭찬받아 마땅하다. 하지만 스스로 마음먹은 금욕과 지혜로부터 나온 것이어야 한다. 신체를 훼손하여 강제로 하는 금욕은 오히려 처벌을 면치 못할 것이다.

그렇기 때문에 예수 그리스도는 이렇게 말씀하셨다. "어머니의 태로

부터 된 고자도 있고 사람이 만든 고자도 있고 천국을 위하여 스스로
된 고자도 있도다. 이 말을 받을만한 자는 받을지어다."(마태복음 19;
12)

제14장

그의 곁에 다른 누군가와 함께 있어도
불안하지 않다.

그때에 이리가 어린 양과 함께 살며 표범이 어린

염소와 함께 누우며 송아지와 어린 사자와 살진 짐

승이 함께 있어 어린아이에게 끌리며

(이사야서 11장 6절)

표범과 염소

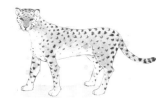

내가 결코 잊지 못할 몇 년 전 어느 날, 그날에 대한 이야기를 해 보
겠다.

그날 아침, 나는 어느 유력한 정부 고위 관료를 만나기로 약속이 되
어 있었다. 우리 세 형제는 동행했고 그중 한 명이 약속을 잡았다. 보
안이 아주 철저했다. 어딜 가나 무장한 직원들이 우리의 일거수일투
족을 감시하고 있음을 알 수 있었다. 약속 시간이 되자 우리는 그 관료

가 있는 곳으로 갔고, 그는 우리를 따뜻하게 맞아주었다. 우리는 다양한 주제에 대해 이야기를 나눴다. 그중 인도에 대해 이야기한 것이 기억나는데, 그는 인도의 괄목할 만한 성장에 대해 매우 감명을 받았다고 말했다.

우린 이미 그가 기독교인이라는 것을 알았기에, 우리는 힘든 근무 환경 속에서도 자신을 지탱해 준 신념과 종교적 수양에 대해 물었다. 질문을 하자마자 이내 "기도"라는 답변이 나왔다. 처음에는 이것이 그저 형식적인 대답에 불과하다고 여기며 그가 다른 화제로 넘어갈 것으로 생각했다. 하지만 그는 우리의 질문에 답하는 것에 진정어린 관심이 생긴 듯 보였다. 그리고 매일 일관되게 고요함과 기도 속에서 시간을 보내는 것의 필요성에 대해, 그리고 아주 중요한 문제들에 대해 바른 판단을 내리기 위한 도움의 필요성에 대해 설명했다. 그는 또한 그 자신을 굳건하게 만드는 말씀들을 매일 성의껏 읽는 일에 대해서도 언급했다. 그는 우리의 질문들, 특히 그의 신념에 대한 질문들에 대해 급하게 답변하는 것 같지 않아 보였다. 이 주제에 대한 그의 생각들은 스스로에게 분명 개인적으로 중요한 것 같았다. 그와의 만남을 뒤로 하고 돌아오는 길에, 나는 하나님에 대한 그의 독실한 신념에 대해 거의 의심을 품지 않았다.

그날 저녁, 나는 한 기독교 신자인 친구와 함께 지역 에이즈 치료소에 가서 봉사활동을 했다. 매주 한 번씩 나는 친구와 그곳의 환자들을 돌보며 저녁 시간을 보냈다. 이 에이즈 치료소는 테레사 수녀님께서 세우신 곳으로, 〈사랑의 선교 수녀회〉에서 운영하는 곳이었다.

그곳의 환자들은 각기 다른 상태에 처해 있었다. 어떤 이는 눈이 멀었고, 어떤 이는 얼굴의 원래 피부색을 대부분 잃었으며, 다른 두 명은 다리의 감각이 서서히 사라져 아마도 절단이 필요한 상태였다. 우리가 그곳에서 할 수 있는 일은 환자들에게 필요한 도움을 주며 하루를 보내는 것이었다. 그리고 다음 날 오전 그곳을 떠나기 전에 그들에게 아침 약을 챙겨 주었다.

바로 그날 밤은 특별하지 않은 평범한 밤이었고, 나는 여러 방을 돌아다니며 환자들의 침대 옆에 약을 놓아 주었다. 환자들 대부분은 잠들어 있었는데, 샘이라는 환자만 깨어있었다. 샘은 다리 근육이 약해진 탓에 눈에 띌 정도로 다리를 절며 걸었지만, 그곳에서 가장 활기차고 감사할 줄 아는 사람 중 한 명이었다.

그는 나의 도움에 대해 크게 고마워했고, 나를 보고 매우 반가워했다. 한동안 이야기를 나눈 후, 그는 침대에서 일어나더니 복도 끝에 있는 임시 예배당을 향해 발을 끌며 천천히 걸었다. 그는 예배당에 앉아 하나님을 향해 침묵의 기도를 올렸다. 몇 주 동안 나는 그가 매일 아침 저녁으로 꾸준히 이 행동을 반복하는 모습을 보았다. 그는 현재 자신의 몸을 가득 채우고 있는 고통과 과거의 실수에도 불구하고, 하나님을 경배하고 그분께 이야기를 하는데 시간을 보냈다. 에이즈 치료소에서 돌아오면서 나는 하나님에 대한 그의 진실하고 꾸밈없는 신앙에 감탄했다.

고위관료와 샘, 둘 다 예수를 믿는 그리스도인이지만 완전히 다른 영역에서 살고 있는 두 사람을 24시간 안에 모두 만났다는 것은 내겐 놀라운 일이었다. 한 명은 이 사회에서 매우 영향력 있는 사람이었다. 언젠가 그를 천국에서 보게 될 것이라고 믿는다. 24시간이 지나지 않아서 나는 사회적 중요도의 측면에서 정 반대쪽에 있는 한 사람을 만났다. 그는 사회에서 잊혀지고, 버려지고, 사랑받지 못한 사람이었다. 하지만 나는 그 또한 천국에서 만나게 될 것이라고 굳게 믿는다.

그날 하나님께서 이 세계의 평형을 유지하는 위대한 존재로서의 모습을 나에게 보여주신 것은 아주 특별한 사건이었다. 크게 존경받는 이와 죽은 것이나 마찬가지라고 포기한 이 모두가 똑같이 그의 창조주에게 다가갈 수 있다. 하나님의 위대하신 계획 속에서는 이 세계에서 가장 경시되는 존재도 가장 영향력 있는 존재와 함께 어울린다. 속세에서 존경받는 사람을 위해 특별히 마련된 영예로운 자리도 없고, 속세에서 볼품없는 사람이 있어야 할 귀퉁이도 없다. 하늘에 계신 아버지의 저녁 식탁에서는 두 명 모두 서로의 옆자리에 앉을 뿐이다.

하나님의 왕국에서는 강하고 존중받는 표범도 소박하고 연약한 새끼 염소도 옆에 눕게 될 것이다.

『피지올로구스』제16장 표범 항목은 다음과 같다.

예언자가 예언하며 가로되, "나는 표범처럼 에브라임에게 달려들고"('호세아' 5; 14에는 "내가 에브라임에게는 사자 같고"로 되어 있다.)라고 말했다. 이는 '아가' 1; 3-4 "네 기름이 향기로워 아름답고 네 이름이 쏟은 향기름 같으므로 처녀들이 너를 사랑하는구나. 왕이 나를 그의 방으로 이끌어 들이시니 너는 나를 인도하라. 우리가 너를 따라 달려가리라. 우리가 너로 말미암아 기뻐하며 즐거워하니 네 사랑이 포도주보다 더 진함이라 처녀들이 너를 사랑함이 마땅하니라."와 연관되어 있다.

표범은 모든 동물들과 사이좋게 지내지만 뱀이나 악룡(惡龍)과는 적대적이다. 표범 가죽은 요셉이 입었던 옷처럼 알록달록하다. 표범의 행동은 고요하고 부드러우며, 먹이를 포식한 뒤에는 동굴로 들어가 잠을 청한다. 사흘째 되는 날 잠에서 깨어난 표범은 우렁찬 목소리로 포효하는데, 가까운 곳이나 먼 곳에 있는 동물들이 모두 이 울음소리를 들을 수 있다. 이때 포효하면서 짙은 발삼향 같은 것이 뿜어져 나오기 때문에 야생 동물들이 그 향기에 끌려 표범에게로 다가간다.

예수 그리스도도 이와 마찬가지이다. 사흘째 되던 날 깨어나 죽은 자들 가운데 홀로 부활하셨다. 주님께서 큰소리로 말씀하시길, "오늘 구원이 이루어졌다."고 말씀하셨다.(누가복음 19; 9; "예수께서 이르시되 오늘 구원이 이 집에 이르렀으니 이 사람도 아브라함의 자손임이로다.") 주님께서는 가까이 보이는 사람이나 멀리 있어 보이지 않는 사람에게도 모두 구원을 베풀어주었다. 주님의 향기는 사도 바울의 말씀과 같이 하나님과 멀리 떨어져 있던 사람이나 가까이 있던 사람에게 모두 평화의 기쁜 소식을 전해주셨다.(에베소서 2; 17)

하나님의 영적인 지혜는 표범 가죽처럼 눈부시다. '시편'의 기록자도 이렇게 찬양했다. "왕이 가까이하는 여인들 중에는 왕들의 딸이 있으며, 왕후는 오빌의 금으로 꾸미고 왕의 오른쪽에 서도다"(시편 45; 9) 여기서 왕후는 교회를 뜻한다. 그리스도는 동정이요 순결이며, "오직 성령의 열매는 사랑과 희락과 화평과 오래 참음과 자비와 양선과 충성과 온유와 절제니 이같은 것을 금지할 법이 없느니라."(갈라디아서 5:22-23)

제15장

예수님은 죄악에 대한 사자이지만 우리에게는
사랑의 어린 양이셨다.

예수님은 하나님의 살해당한 양이자 유다의 흉포한 사자이시다.

(유다의 사자), (하나님의 양)

이 양은 너무 약하고 평범하다. 이 양이 전능하신

하나님 같지는 않구나.) (세상)

사자와 양

지금부터는 동물들을 비교하면서, 우리 아버지인 잭 푸넨(Zac Poonen)으로부터 배운 동물과 관련된 가르침에 대해 이야기하고자 한다. 이 내용을 나에게 처음 가르쳐 주신 분이 우리 아버지셨다.

바로 앞에서 강력한 표범과 연약한 새끼 염소에 대해 이야기했다. 하지만 강함과 연약함을 대조하는데 가장 적합한 비유는 아마도 사자와 양의 비유일 것이다. 사자가 정글의 왕이라면, 자기 보호 능력의 측면에서 볼 때 양은 정반대이다.

하지만 아래의 흥미로운 구절에서는 정반대인 이 두 종의 동물을 하나의 사람으로 결합시켜 말하고 있다.

요한계시록 5장 4-6절

그 두루마리를 펴거나 보거나 하기에 합당한 자가 보이지 아니하기로 내가 크게 울었더니장로 중의 한 사람이 내게 말하되 울지 말라 유대 지파의 사자 다윗의 뿌리가 이겼으니 그 두루마리와 그 일곱 인을 떼시리라 하더라.

내가 또 보니 보좌와 네 생물과 장로들 사이에 한 어린 양이 서 있는데 일찍이 죽임을 당한 것 같더라 그에게 일곱 뿔과 일곱 눈이 있으니 이 눈들은 온 땅에 보내심을 받은 하나님의 일곱 영이더라.

이 구절의 문맥을 살펴보겠다. 이 글을 쓴 사람은 사도 요한으로, 자신이 천국에서 본 것들에 대해 이야기하고 있다. 그는 봉인된 두루마리를 보았다. 나에게 이 책은 모든 인간의 삶에 대한 이야기를 상징하며, 하나님의 영광을 표현하고 찬양하기 위한 글이다. 하지만 아담이 죄를 짓고 악마의 생각을 받아들인 이후에 이 책은 봉인되었다. 또한 이후로, 하나님께 영광을 바치는 삶에 대한 이책은 누구도 그와 같은 삶을 온전히 살 수 없었기에 봉인된 채 남겨졌다. 모든 인간은 죄를 지었고, 그렇기에 하나님의 가장 숭고하고 완벽한 영광에 미치지 못했다.

이것은 엄청난 비극이었다. 그 어떤 인간도 하나님께 온전히 영광을 가져오는 일을 해내지 못했다. 이는 세례자 요한으로 하여금 슬피 눈물을 흘리게 만들었고, 또 그럴 만한 일이었다. 아담과 요한 사이의 수천 년이라는 시간 동안 이 봉인을 푼 인간은 단 한 명도 없었다.

하지만 요한의 눈물은 섣부른 것이었다. 천국에 있는 누군가가 요한에게 그만 눈물 흘리라 말해주었는데, 그 일을 해낼 만한 이가 한 명 있었기 때문이었다. 위대한 유다의 사자(Lion of Judah; 예수 그리스도)는 그 책을 열고 모든 봉인을 깰 만한 인물이었다. 그는 모든 죄와 심지어 죽음까지도 극복했다. 이 전지전능한 사자는 이스라엘에서 가장 큰 승리를 거둔 왕이었던 다윗 왕과 같은 가문 출신이었다.

요한은 이 강력하고 위엄 있는 사자를 기대하며 고개를 돌렸지만, 그가 본 것은 정반대였다. 그는 살해된 것처럼 보이는 양이 서 있는 것을 보았다. 요한이 본 것은 아주 초라한 모습이었다. 유순하고, 순결하고, 마치 살해당한 것처럼 피를 흘리는 어린 양 말이다.

그렇다면 예수님은 유다의 사자가 아니라 하나님의 양이었던 것인가? 아니다. 그분은 온전히 사자이자 온전히 양이셨다.

예수님께서는 죄악과 악마를 향해서는 사자이셨다. 그분께서는 언제나 죄악을 극복하셨으며, 악마에게 조금의 여지도 남겨두지 않으셨다. 예수님의 삶에 존재했던 모든 미혹은 가장 강력한 사자를 만났다. 이 사자는 죄악에 대해서 완전히 무자비했다. 그분께서 죄악과 악마에 맞서 싸우셨던 기록은 완벽했다. 그분께서는 절대로, 단 한 번도 패배하지 않으셨다.

하지만 예수님은 우리 인간을 향해서는 양이셨다. 그분께서는 인간으로부터의 모욕을 받아들이고 침묵을 지키셨다. 그분께서는 우리가 우러러보아야 할 위엄 있는 형태나 장엄함을 지니지 않으셨다. 그분께서는 우리의 마음을 끌 만한 외모를 갖추지도 않으셨다. 그리고 우리가 그분을 외면하고 도살장에 끌려가는 양처럼 살해당하게 만들었을 때도 그분께서는 침묵을 지키셨다. 그분의 "싸움"은 우리 인간들에 대한 것이 아니었다. 그분께서는 우리 앞에서 사자가 되고자 하지 않으셨다. 그분께서는 우리의 마음을 그분을 향해 돌리기 위해 가장 조용한 동물로서 오셨다. 하지만 그분께서는 결코 죄악으로 자신을 더럽히지 않으셨고, 죄악과 모든 형태의 악마 앞에서는 변함없이 사자로 남으셨다.

사자이자 양이신 예수님은 죄악에 대한 증오이며 우리를 위한 사랑의 화신이셨다.

그러니 우리는 그 사실을 오해하는 이 세상의 체계를 거부해야 한다. 이 세상의 체계는 우리가 죄악에 대해 걱정할 필요가 없으며, 죄악 앞에서 마치 양처럼 수동적이고 유순해져도 된다고 가르친다. 또한 우리로 하여금 다른 인간에 맞서 싸워, 우리의 말로 그들의 사이를 떼어놓고 자신의 욕심을 위해 그들을 이용하도록 가르친다.

이 부패한 체계는 우리의 본보기가 되어서는 안 된다. 우리의 본보기는 예수님이어야 한다. 그러니 사자이자 양인 존재의 모범으로서 그분을 바라보자. 죄악에 대해서는 맹렬하게 무자비하지만 모든 인간들과의 평화를 추구하시는 그분을 말이다.

제16장

끝없이 죄악 속에서만 뒹구는 삶이 아닌 하나
님께서 우리와 공유하고자 하시는 새로운 본성
을 받아들여야 한다.

나는 이 진흙과 먼지가 정말 좋다.

내가 진흙에 빠졌다니 정말 역겹다. 나는 이 진흙
이 정말 싫으니 말끔히 씻어 버리고 싶다.

돼지와 고양이

우리 아버지로부터 배운 동물에 관한 또 다른 가르침에 대해 이야기해 보겠다.

돼지와 고양이 사이에는 많은 차이점이 있다. 이 두 동물들이 서로를 헷갈려 하는 모습을 본 사람은 아무도 없을 거라고 확신한다. 하지만 돼지와는 아주 극명하게 반대되는 고양이의 구체적인 특징, 또는 미덕이라고도 할 수 있는 한 가지 부분에 주목하고 싶다. 그 미덕은 바로 청결이다.

나는 "진흙탕에서 뒹굴다"라는 표현을 들으면 본능적으로 돼지를 떠올리게 된다. 돼지는 진흙에는 뒹구는 것을 매우 즐거워하는 것처럼 보인다. 왜 그럴까 생각을 해보았는데, 몇 가지 이유가 떠올랐다. 돼지는 땀샘이 없기 때문에 진흙에 들어가서 스스로 열을 식힌다. 또한 진흙은 효과 좋은 자외선 차단 로션의 역할을 해서 피부를 화상으로부터 보호한다. 그래서 돼지는 피부에 묻은 더러운 때를 굳이 깨끗이 닦아내고 싶지 않은 것이다.

하지만 고양이는 완전히 다르다. 고양이는 더러워지는 것을 아주 싫어하고 털 손질이 잘 된 상태를 좋아한다. 고양이는 자기의 혀를 자연 빗으로, 침을 샴푸이자 유연제로 사용하여 계속 자기의 몸을 핥고, 엉킨 털을 풀고 깨끗이 닦는다.

그렇다고 고양이는 선하고 돼지는 악하다는 것은 아니다. 하지만 이 차이는 예수 그리스도에게 복종하기 전과 후에 우리 삶에서 명확하게 나타나는 차이를 탁월하게 설명해준다. 이 차이는 단지 갱생한 동물이 아니라 다른 동물의 자라나는 본능일 것이다.

대부분의 사람들은 (심지어 기독교인들도) 기독교가 악한 사람을 선하게 만드는 삶의 방식이라고 생각한다. 기독교의 본질은 인간이 예수님에게 완전히 복종할 때 하나님께서는 개인 본성의 변화를 약속하신다는 것이다. 성경은 죄에 대한 인정과 그에 따른 갱생(更生)이 아니라, 죽음과 부활에 대해 이야기한다.

믿기 어려운 말이라는 걸 나도 알고 있고, 기독교인들에게서 그러한 극적인 변화의 증거가 사실상 많이 나타나지 않는다는 것 또한 인정하겠다. 하지만 이 변화가 대부분의 기독교인들에게서 두드러지지 않는 이유를 찾으려 하기 전에, 이 성스러운 변화가 성경에서 말하는 바로 그 변화인지를 먼저 확인해야 한다. 베드로는 '베드로 후서' 1장 4절에서 이를 명확히 묘사하고 있다.

베드로 후서 1장 4절
이로써 그 보배롭고 지극히 큰 약속을 우리에게 주사 이 약속으로 말미암아 너희가 정욕 때문에 세상에서 썩어질 것을 피하여 신성한 성품에 참여하는 자가 되게 하려 하셨느니라.

돼지가 뒹구는 진흙은 우리가 뒹구는 욕정의 세계 속에 존재하는 타락의 생생한 묘사이다. 이것이 바로 우리의 영혼을 타락시키고 하나님으로부터 우리를 멀어지게 만드는 오물이다. 하지만 좋은 소식은, 하나님께서 그분의 말 한마디 한마디에 귀중하고 위대한 약속을 담아 우리에게 선사하셨다는 것이다. 그분께서는 단 하나의 위대한 목적을 가지고 계셨다. 우리가 영성(靈性)의 분담자가 되는 것이다!

분담자(partaker)라는 단어를 모르는 사람도 몇몇 있을 것이다. 그래서 상세 설명 성경에서 그 단어를 찾아보니 공유자(sharer)라고 번역되어 있었다. 우리가 하나님의 본성을 그분과 공유할 수 있도록 하나님의 약속이 우리에게 주어진 것이다.

우리가 이 엄청난 사실을 이해할 수 있을까? 아마도 우리는 이 구절을 읽고 또 읽고, 충분히 이해가 될 때까지 계속해서 이 구절에 대해 생각해야 할 것이다. 우리가 이 약속의 위대함에 대해 더 깊이 경탄할 수 있도록 말이다.

하나님께서는 그분의 영성을 우리와 함께 공유하고 싶어 하신다. 하나님께서는 단순히 그분의 미덕을 우리와 나누고 싶어 하시는 것이 아니다. 하나님께서는 단순히 그분의 축복을 우리와 나누고 싶어 하시는 것이 아니다. 하나님께서는 단순히 그분의 마음을 우리와 나누고 싶어 하시는 것이 아니다. 하나님께서는 그분의 가장 깊은 곳을 우리와 나누고 싶어 하신다. 그분께서는 본인의 진정한 본성을 우리와 나누고 싶어 하신다.

이는 하나님께서 우리가 그분의 가족의 일부가 되기를 바라신다는 사실을 조명한다. 하나님께서는 단순히 우리를 양자로 삼으시지 않는다. 그분께서는 우리에게 붙은 그분의 이름뿐만 아니라 그분의 본성까지도 우리가 갖기를 원하신다. 따라서 그분께서는 자기들이 그분에게 속해 있다고 말하는 사람들에 대해 만족하지 못하신다. 그분께서는 그 사람들 안에 존재하는 그분의 본성에 대해 자랑하길 바라신다.

모든 죄악에 대한 우리의 증오 속에서 찾을 수 있는 이 영성이 우리의 삶을 가득 채워야 한다. 고양이가 청결을 좋아하고 진흙과 오물을 경멸하듯이, 우리는 이제 진실에 대해 깊은 사랑을 품고 죄악의 더러움에 대해서는 정당한 증오를 품어야 한다. 예전에 우리는 진흙과 때를 좋아하는 돼지와도 같았다. 이제 우리는 하나님께서 우리와 공유하고자 하시는 새로운 본성을 받아들여야 한다. 고양이처럼 진흙과 더러움을 경멸하는 본성 말이다.

여기서도 예수님은 우리의 본보기이시다. 예수님께서 우리의 죄를 대신해 희생할 수 있었던 것은 그분께서 일생을 죄악을 절대적으로 거부했기 때문이다. 예수님은 온전히 하나님이셨으며 온전히 이 세상의 인간이셨다. 그분께서는 온전히 인간이었기에 유혹과 마주할 수 있었지만 유혹당하지 않으신다, 언제나 그분 안에 존재하는 영성에 의지했기 때문에 절대 굴복하지 않고 죄악을 완전히 거부하실 수 있었다.

하지만 예수님이 전하시는 좋은 소식은 단지 그분의 희생뿐만이 아니다. 그것만으로도 충분하지만 말이다. 다른 좋은 소식은 우리 또한 바로 그 영성의 공유자가 될 수 있다는 것이다.

로마서 8장 11절

예수를 죽은 자 가운데서 살리신 이의 영이 너희 안에 거하시면 그리스도 예수를 죽은 자 가운데서 살리신 이가 너희 안에 거하시는 그의 영으로 말미암아 너희 죽을 몸도 살리시리라.

로마서 8장 14절

무릇 하나님의 영으로 인도함을 받는 사람은 곧 하나님의 아들이라

따라서 우리는 예수님께서 걸으셨던 길을 걸을 수 없다고 말하는 겸손의 가식 속으로 숨지 말아야 한다. '요한1서' 2장 6절에 따르면, 우리는 꼭 예수님께서 가신 길을 걸어야 한다. 끝없이 죄악 속에서만 뒹구는 삶 속에 멈추어 있을 핑계는 없다. 그 대신 우리는 하나님의 말씀 속에 있는 위대한 약속으로 무장한 채, 대담하게 하나님 곁으로 다가가야 한다. 하나님의 영성은 죄악을 혐오한다는 것을, 그리고 하나님께서는 우리와 함께 영성을 공유하고 싶어 하신다는 것을 깨달아야 한다.

하나님께서 부디 우리를 도우시길.

제17장

하나님의 은총을 받기 위해 필요한 것은
진정한 겸손함이다.

내가 바늘귀를 어떻게 통과할 수 있겠는가?

낙타가 안됐구나. 나 같은 아메바처럼 작았더라면
바늘귀를 쉽게 통과할 수 있을 텐데.

낙타와 아메바

낙타는 매우 특이한 동물이다. 몸에 비해 불균형적으로 긴 다리를 가지고 있고, 겉모습이 아무리 멋지게 보이고 싶어도 등 위에 있는 보기 흉한 혹 때문에 그럴 수가 없다. 그리고 걸음걸이도 꼴사납다. 한쪽에 있는 두 발을 모두 움직였다가 반대편에 있는 두 발을 또 동시에 움직인다. 그래서 낙타를 타면 마치 바다 위의 배처럼 흔들리며 움직이는 것을 느끼게 될 것이다. 낙타가 "사막의 배"라 불리는 또 다른 이유가 바로 이것이다. 하지만 이처럼 보기 안 좋아도 낙타는 아주 크기 때문에 눈에 띄는 동물이다. 예수님께서 살던 시대의 이스라엘에서는 아마도 낙타가 가장 큰 동물이었을 것이다. 그 지역에서 낙타보다 큰 동물은 보지 못했을 것이다.

이 사실을 생각하면, 예수님께서 한 젊은 부자에게 하셨던 말씀이 흥미롭게 느껴진다.

마태복음 19장 24절
다시 너희에게 말하노니 낙타가 바늘귀로 들어가는 것이 부자가 하나님의 나라에 들어가는 것보다 쉬우니라 하시니

당신이 과장법이라는 단어의 뜻을 몰랐다 하더라도, 예수님께서 이 구절에서 바로 그 수사법을 사용했기 때문에 이제는 그 의미를 알게 되었을 것이다. 그분께서는 자신의 주장을 펴기 위해 분명한 과장법을 사용하셨다. 바늘귀는 눈에 거의 보이지 않을 만큼 작은 타원형의 구멍으로, 그 사이로 실을 조심스럽게 통과시켜서 사용한다. 따라서 예수님께서 자신의 주장을 말씀하시기 위해 굳이 이 거대한 낙타를 언급하지 않아도 되었을 뻔했다. 돼지나 당나귀 같은 다른 동물들과 비교해도 그 뜻을 전달할 수 있었을 테니까 말이다. 하지만 예수님께서는 자신의 주장을 강조하기 위해 가장 큰 동물을 사용하셨다.

혹시 몰랐을 이를 위해 말하자면, 예수님께서 말씀하신 부유한 사람이란 돈을 많이 가진 사람이 아니다. 그분의 시대에 살았던 나병 환자들과 눈먼 바디메오(Bartimaeus)[2]의 기준에서 본다면 예수님께서도 상대적으로 부유한 분이었다. 따라서 부유함과 가난함을 결정하는 기준은 한 사람의 지갑이나 계좌에 들어있는 돈의 액수가 아니었다.

부유한 사람이란 오히려 부유한 태도를 갖추고 있는 사람을 의미한다. 이 경우에 젊은 부자란 금전적으로도 분명 풍족하지만, 또한 계명을 따르고자 하는 생각 또한 부유한 사람이었다. 따라서 부유한 태도란 개인의 부, 지성, 교육, 또는 종교 생활에 대해 갖는 자부심에서 비롯된 것이다.

이러한 것들이 바로 우리가 비열하게도 부유한 태도를 품을 수 있는 영역들이다.

따라서 간략하게 말하자면 예수님께서는 이렇게 말씀하셨다. "자기

---

2) 요단강 서안에 있는 예리코(Jericho)에서 예수에게 눈을 치료 받은 장님 거지 ; 마가복음 10 : 46-52. - 역주

스스로가 부유한 태도를 갖추고 있는 인간이 하나님의 왕국에 들어가는 것은 불가능하다. 그렇게 부유한 사람이 하나님의 왕국에 들어가는 것이 얼마나 어려운 일인지 알고 싶다면, 정말 아주 큰 무언가를 떠올려 보자. 우리 주위에 있는 가장 큰 동물을 상상해 보자. 예를 들면 낙타가 있다. 그리고 우리 주위에서 가장 작은 물건을 떠올려 보자. 예를 들면 바늘귀가 있다. 이 거대한 낙타가 바늘귀를 비집고 들어가려 한다고 상상해 보자. 그게 얼마나 말도 안 되는 일인지 감이 오는가? 그보다 더 말도 안 되는 일이 바로 자기 자신의 모든 것에 대해 부유한 태도를 가지고 있으면서 하나님의 왕국에 들어갈 수 있다고 생각하는 것이다."

이것이 바로 예수님께서 전하고자 하신 말씀이며, 예수님께서 하신 다른 모든 말씀들과도 일맥상통한다. 예를 들어, 마태복음 5-7장에 기록된 예수님의 가장 유명한 설교 말씀은 '산상 수훈'이라고 알려져 있는데 그중 이런 말씀이 있다.

마태복음 5장 3절
심령이 가난한 자는 복이 있나니 천국이 그들의 것임이요.

어떤 동물이 바늘귀를 통과할 수 있겠는가? 고양이라고 그렇게 하는 것이 더 쉬울 수 있을까. 사실 바늘귀를 통과할 수 있는 동물들이 몇몇 있기는 하다. 그중 하나는 가장 작은 원생(原生)동물인 아메바(amoeba)이다. 사람의 눈으로는 아메바를 볼 수 없다. 하지만 이 아주 작은 동물에 대해 한 가지는 확실하다. 아메바는 그 좁은 바늘귀 사이를 힘도 들이지 않고 드나들 수 있다는 것이다.

예수님의 말씀을 기억해 보자. 하나님의 왕국의 입구와 그곳으로 가는 길 모두 아주 좁다. 따라서 우리가 정신적으로 항상 가능한 한 "소박해야" 한다는 것은 타당한 말이다. 낙타는 좁은 문을 지나갈 수 없고, 예수님과 함께 하는 삶의 좁은 길을 걸어갈 수 없다.

따라서 우리가 자기 자신의 눈에 부유해 보인다면, 그것은 곧 하나님의 왕국에 닿을 수 없는 거대한 낙타가 되는 것과 같다.

- 자신의 부로 인해서 거대하고 우쭐해진 우리는 그곳에 들어갈 수 없다.
- 자신의 지성으로 인해서 거대하고 우쭐해진 우리는 그곳에 들어갈 수 없다.
- 자신의 종교로 인해서 거대하고 우쭐해진 우리는 그곳에 들어갈 수 없다.

• 자신의 정직함으로 인해서 거대하고 우쭐해진 우리는 그곳에 들어갈 수 없다.

그렇다면 어떻게 해야 그곳에 들어갈 수 있을까? 단순하게 말하자면, 우리는 미세한 아메바처럼 아주 작아져야만 한다.

작아진다는 것이 종교적 삶에서는 무엇을 의미하는가?

• 우리는 기독교인으로서의 삶을 살 수 있는 자신의 능력에 대한 자신감을 작게 가져야 한다.
• 우리는 살아가면서 알아야 할 것들을 자신이 모두 알고 있다고 생각하는 것을 멈춰야 한다.
• 그리고 우리는 살아가면서 필요한 것들을 자신이 모두 가지고 있다고 생각하는 것을 멈춰야 한다.
• 그리고 이것은 곧 우리 자신이 완전하며, 살아가면서 그 어떤 도움도 필요하지 않다고 생각하는 것을 반드시 멈춰야 한다는 것을 의미한다.

자기 자신의 눈에 "가난하게" 보이는 사람들은 하나님으로부터 구원과 은총을 받게 될 것이다. 하나님의 은총을 받기 위해 필요한 것은 진정한 겸손함이다.

　아메바처럼 작은 존재가 된다는 것이 낮은 자존감을 가져야 한다는 의미는 아니다. 우리 자신의 부족함을 인정하는 것과 낮은 자존감을 가지는 것 사이에는 엄청난 차이가 있다.

　우리는 기독교인으로서 우리가 사랑받고 있다는 사실에 대해 커다란 확신을 가져야 한다. 그리고 그보다 더, 우리를 사랑하시는 분은 단지 아주 먼 곳에서 자비를 베푸시는 하나님이 아니라 자신의 가까이에 우리를 끌어당기는 하늘에 계신 아버지이시다.

　따라서 우리 아버지의 손을 잡고 삶의 길을 걸어가는 것은 우리 자신에게 엄청난 확신을 주는 일이다. 우리가 그분의 손을 놓으려 하는 것은 곧 바늘귀를 비집고 지나가려 하는 낙타처럼 바보 같은 짓을 하는 것이다.

　예수님께서는 낙타의 비유를 마무리하며 이렇게 말씀하셨다.

마태복음 19장 26절

예수께서 그들을 보시며 이르시되 사람으로는 할 수 없으나 하나님으로서는 다 하실 수 있느니라.

이 구절을 보면 두 가지가 분명하게 대조된다. 문장의 앞부분에는 완전히 절망적인 진술이 제시되고(내 자신의 힘이나 다른 이들에게 의지하는 것은 절망적인 일이다), 문장의 뒷부분에는 믿을 수 없을 만큼의 권능을 부여하는 진술이 이어진다(하나님에게 전적으로 의지하는 것은 불가능한 것을 가능하도록 만든다).

하나님 없이 이 삶을 살아가는 것은 불가능하다는 것을 알기에, 아메바처럼 작고 연약한, 그리고 겸손한 존재가 될 수 있도록 하나님께서 도우시길. 그리고 우리가 도움의 손길을 청하고 있는 대상이 바로 자신의 손바닥 안에 이 세상 전체를 다스리고 계시는 위대한 하나님이시라는 것을 알기에, 우리가 커다란 확신으로 가득 찰 수 있기를 바란다.

제18장

선한 양은 우리의 죄를 대신하여 책임을 지고
사악한 것이 되었다,

THE LAMB OF GOD - VIEWED AS A SNAKE
WHEN MY SINS WERE ON HIM

하나님께서 나의 죄악을 등에 지고 계셨을 때 하나
님의 양은 뱀처럼 보였다.

뱀과 양

이번 장에서는, 서로 크게 다르지만 독특한 연관성을 지니는 두 종의 동물로부터 얻은 교훈에 대해 이야기하고자 한다. 바로 뱀과 양이다. 물론 처음에는 그 연관성이 불투명해 보이겠지만, 그래도 한번 설명을 들어보라.

성경에서는 뱀과 양이 서로 적이라고 이야기한다. 한쪽은 언제나 악을 상징하는 존재이고, 다른 한쪽은 언제나 선을 상징하는 존재이다.

에덴동산에서 이브를 현혹시킨 것이 바로 기만에 가득 찬 뱀의 혀이다. 반면 하나님의 분노로부터 고대 히브리인들을 계속해서 구해낸 것은 순결한 양의 피였다.

그런데 뱀과 양의 형상이 한 사람 안에 모여든 순간이 한 번 있었다. 그게 누구인지 바로 명확하게 떠오르지 않겠지만 그는 바로 예수님이다.

'요한복음' 3장 14-15절에서 예수님께서는 니고데모(Nicodemus)에게 이렇게 말씀하셨다.

"모세가 광야에서 뱀을 든 것 같이 인자도 들려야 하리니 이는 그를 믿는 자마다 영생을 얻게 하려 하심이니라."

예수님께서 말씀하시는 것은 '민수기' 21장에 언급된 사건이다. 고대 히브리인들은 광야에서의 삶과 그들이 먹는 "보잘것없는 음식" 예를 들면 하나님께서 내려 주신 만나[3]에 대해 불평하고 있었다. 결과적으로는 맹독을 지닌 뱀들이 히브리인들의 야영지를 습격하여 많은 사

---

3) 만나(manna)는 원래 모세를 따라 이집트를 탈출한 이스라엘인이 시나이 반도의 황야를 방랑 중 기적적으로 공급된 식물을 말하며, 하늘이 내린 식물이란 뜻이다. - 역주.

람들이 목숨을 잃었다.

당연하게도 히브리인들은 자신들의 행동이 어리석었음을 문득 깨달았고(놀랄 일도 아니다), 그들 대신에 상황을 중재해 주기를 모세에게 간청했다. 그리고 모세는 그렇게 해주었다. 하나님께서는 모세에게 구리로 뱀을 만든 다음 그것을 모범으로서 높이 들어 올리라고 지시하셨다. 그러자 뱀에게 물린 모든 이들이 이 구리 뱀을 바라보며 치유받기를 기도했다.

'요한복음' 3장에서 예수님께서 말씀하시는 것이 바로 이 구리 뱀이다. 예수님께서는 본인을 이 구리 뱀에 비교하셨다. 히브리인들이 구리 뱀을 바라보며 치유받기를 원했던 것처럼, 우리도 십자가에 매달린 예수님의 모습을 보며 죄악의 고통으로부터 치유 받고 영생을 얻을 수 있다.

나는 뱀을 사악하고, 교활하고, 독을 품은 동물로 생각한다. 그건 분명 나의 종교적인 배경 때문이기도 할 테지만, 또한 인도에서 누구나 볼 수 있는 모습 때문이기도 할 것이다. 인도에는 사자, 호랑이, 표범 등 위험한 야생 동물들이 많이 있다. 하지만 이 동물들이 사람들에게 문제를 일으키거나 우리의 삶에 끼어드는 일은 거의 없다. 그들은 정글 속에 머물 뿐, 나는 이 동물들이 동물원이나 사파리 밖에 있는 모습은 본 적이 없다.

하지만 우리는 항상 뱀을 조심해야 했다. 뱀들은 근처에 있는 수풀 속에 있거나, 개미총처럼 보이는 모래 언덕 안에 있거나, 심지어 우리 뒤뜰에서 기어 다닐 수도 있었다. 그렇기에 우리는 학교 가는 길에 사자나 호랑이와 마주칠 걱정은 할 필요가 없었지만, 뱀은 조심해야 했다.

예수님께서 뱀과 연관되어 있다는 생각은 처음에는 불편하게 느껴진다. 뿐만 아니라, 예수님은 몇몇 다른 이야기를 인용함으로써 무언가를 들어 올리는 것에 대해 말씀하실 수 있었다. 예를 들어, 모세가 들어 올려 홍해를 가른 그 지팡이에 스스로를 비유하실 수도 있었다. 또는 유월절 양에 스스로를 비유하여 니고데모에게 말씀하실 수도 있었다. 우리는 성경에서 예수님이 하나님의 양으로 일컬어진다는 것을 알고 있다. 그리고 그분께서는 실제로도 그런 분이셨다. 죄악으로부터 순결하며 티가 없는 분이셨다.

나는 하나님의 양이 구리 뱀에 비유되었다는 것이 아주 중요한 비유라고 생각한다. 왜냐하면 하나님의 양이 우리를 위해 뱀과 같은 존재가 되었다는 사실을 우리가 알게 되었을 때, 십자가에서 일어났던 일의 무게는 더 무거워지기 때문이다.

나는 지금 내가 어떤 식으로든 하나님의 가장 소중한 아들을 비하하고 있다고 보이지 않도록 아주 조심스럽게 이야기하고 있다. 부디 그런 일은 절대 일어나지 않길! 우리 안에 있는 성령은 오직 예수님을 더욱 더 찬미하고자 할 뿐이다. 따라서 내가 예수님에 대해 이런 이야기를 하는 이유는 단지 이를 통해 예수님이 나에게 더 귀중한 존재가 되셨고, 그럼으로써 내가 그분을 더 높이 경배하게 되었기 때문이다.

나는 예수님에게 가해진 형벌과 십자가에 대해 이렇게 생각한다.

예수님이 감내하신 신체적인 고통은 하나님의 심판과 거의 무관하다. 예수님께서 십자가 위에서 돌아가실 때 겪으신 신체적 고통은 분명히 엄청난 것이었다. 하지만 그분의 신체에 가해진 잔혹한 행위는 24시간도 채 이어지지 않았다. 반면, 예수님이 겪으신 것보다 훨씬 더 큰 신체적 고통을 훨씬 더 오랜 시간동안 겪어온 제자들은 수세기에 걸쳐 수없이 많다. 따라서 우리는 예수님께서 감내하신 신체적 고통이 우리의 죄악에 대한 하나님의 심판에 비하면 빙산의 일각에도 미치지 못한다는 것을 알아야 한다.

우리가 저지른 죄에 대한 하나님의 심판은 여기에 있었다. 예수님께서는 이 세상의 모든 죄에 책임을 지고 그에 따라 저주받은 자가 되셨다(갈라디아서 3장 13절). 그리고 십자가에 매달린 예수님께서 등에 지고 계시던 우리의 죄악들을 하나님께서 보셨을 때, 그 죄악들의 혐오스럽고, 불쾌하고, 사악한 본질 때문에 하나님께서는 예수님을 저버리셨다.

따라서 우리가 저지른 죄악을 등에 진 채 십자가에 매달리신 예수님을 하나님께서 내려다 보셨을 때, 그분께서 보신 것은 무고한 양 이상의 것이었다. 우리의 죄 때문에 하나님께서는 십자가에 매달린 예수님에게서 무언가 사악한 것을 보았다. 하나님께서는 그것을 가만히 두고 볼 수 없었다.

하박국서 1장 13절
주께서는 눈이 정결하시므로 악을 차마 보지 못하시며 패역을 차마 보지 못하시거늘 어찌하여 거짓된 자들을 방관하시며 악인이 자기보

다 의로운 사람을 삼키는데도 잠잠하시나이까.

하나님께서는 너무나도 사악한 무언가를 보았고, 그것이 그분으로 하여금 신성한 정의를 행하도록 만들었다. 신성한 정의에 따라 아버지는 우리의 모든 추악한 죄악을 등에 진 아들을 버리셨다. 죄악의 존재를 두고 보지 않는 거룩하신 하나님께서는 우리의 죄악을 등에 진 자를 망가트리셨다. 비록 그자가 그분의 소중한 아들이었음에도 말이다.

자신의 아들인 예수를 망가트리는 것이 어떻게 아버지를 기쁘게 만들 수 있었겠는가. 하나님께서는 그 자체로 정의로우시며 모든 악과 불의에 맞서는 정의를 갈망하신다. 따라서 죄악은 망가트려야 한다는 것이 이치에 맞는 일이다. 하지만 그분께서는 우리를 너무나 사랑하셨기에 우리를 망가트리고 싶어 하지 않았다. 따라서 그분께서는 우리의 죄를 등에 질 수 있을 유일한 사람에게 우리의 죄를 떠맡겼다. 바로 그분의 아들이다. 그분의 무고한 아들은 당신과 우리 때문에 파괴되었다. 하지만 그것은 하나님께서 우리를 용서하시고 그분의 가족으로 받아들이고 싶어 하셨기 때문이다. 그분께서는 우리가 단순히 죄악으로부터 사면되고 구원받기를 바란 것이 아니라, 온전히 그분의 가족이자 예수님과 더불어 그분의 계승자가 되기를 바랐다.

그러니 당신이 다음에 십자가를 본다면, 그것의 아름다움을 생각하기 전에 먼저 잠시 멈추어 보라. 그리고 당신이 상상할 수 있는 가장 혐오스러운 물건을 떠올려 보라. 이 세상에 존재할 수 있는 가장 흉측한 것을 말이다. 하나님의 아들인 예수님께서 당신과 나의 죄를 등에 지고 십자가에 매달리셨을 때, 바로 그 십자가가 하나님 아버지께는 세상에서 가장 흉측한 것으로 보였을 것이다.

고린도 후서 5장 21절

하나님이 죄를 알지도 못하신 이를 우리를 대신하여 죄로 삼으신 것은 우리로 하여금 그 안에서 하나님의 의가 되게 하려 하심이라.

『피지올로구스』 제11장 '뱀'의 내용은 다음과 같다.

'마태복음' 10; 16에서 예수 그리스도는 "보라 내가 너희를 보냄이 양을 이리 가운데로 보냄과 같도다. 그러므로 너희는 뱀 같이 지혜롭고 비둘기 같이 순결하라."고 하셨다.

박물학자 피지올로구스는 뱀은 특징이 네 가지가 있다고 말한다. 첫째, 뱀은 늙으면 눈이 어두워져서 아무것도 보지 못한다고 한다. 그런데 이때 뱀은 어떤 행동을 취할까? 뱀은 회춘을 위해 꼬박 40일 동안 밤낮을 가리지 않고 아무것도 먹지 않고 굶는다. 그러고 나면 비로소 껍질이 헐거워진다. 그러면 틈새가 좁게 벌어진 바위를 찾아서 그 사이로 지나가면 허물이 벗겨지고 새로운 젊음을 얻게 된다.

그러니 그대여, 죄악의 낡은 껍질을 벗고 싶다면 단식과 정결의 좁은 길을 통해 그대 육신을 털어버리길. 생명에 이르는 문은 좁고, 또 그 길이 험하기 때문이다

마태복음 7; 13-14
좁은 문으로 들어가라 멸망으로 인도하는 문은 크고 그 길이 넓어 그리로 들어가는 자가 많고 생명으로 인도하는 문은 좁고 길이 협착하여 찾는 자가 적음이라.

뱀의 두 번째 특성은 목마른 뱀이 목을 축이려고 샘을 찾아갈 때는 품고 잇던 독은 동굴에 떼어놓고 간다. 우리도 이처럼 영원히 마르지 않고 변하지 않는 샘, 하늘나라의 거룩하고 성스러운 비밀로 가득한

샘, 곧 교회로 달려갈 때 사악한 마음을 지니고 가서는 안 될 것이다. 다툼을 벌인 자와 곧바로 화해하고 평화가 넘치는 마음으로 교회의 문턱에 들어서야 한다.

마태복음 5; 23-24

그러므로 예물을 제단에 드리려다가 거기서 네 형제에게 원망들을 만한 일이 있는 것이 생각나거든 예물을 제단 앞에 두고 먼저 가서 형제와 화목하고 그 후에 와서 예물을 드리라.

고린도 전서 11; 28-29

사람이 자기를 살피고 그 후에야 이 1)떡을 먹고 이 잔을 마실지니 주의 몸을 분별하지 못하고 먹고 마시는 자는 자기의 2)죄를 먹고 마시는 것이니라.

뱀의 세 번째 특징은 뱀은 사람을 만났을 때 아무것도 걸치지 않은 알몸인 것을 보면 두려워서 몸을 피한다. 하지만 옷을 입은 사람에게는 달려드는 성질이 있다. 이처럼 우리도 벌거숭이일 때의 모습을 떠올려 보자. 우리의 선조 아담이 낙원에서 알몸으로 있었을 때는 원수가 아무런 힘을 쓰지 못했고, 인간을 나락으로 빠뜨릴 수 없었던 것과 마찬가지이다.

그러니 그대여, 낡은 인간의 옷을 아직 청산하지 못하고 사악한 행위를 벗 삼아 어느덧 나이가 든다면, 원수는 그대를 보고 달려들 것이다.

에베소서 4; 21-24
진리가 예수 안에 있는 것 같이 너희가 참으로 그에게서 듣고 또한 그 안에서 가르침을 받았을진대, 너희는 유혹의 욕심을 따라 썩어져 가는 구습을 따르는 옛사람을 벗어 버리고 오직 너희의 심령이 새롭게 되어 하나님을 따라 의와 진리의 거룩함으로 지으심을 받은 새 사람을 입으라.

뱀의 네 번째 특징은 사람이 뱀을 반드시 죽이려고 모질게 달려들면 뱀도 혼신을 다해 제 온몸을 던진다. 하지만 머리만큼은 다치지 않게 한다. 우리도 극심한 박해의 시기에 기꺼이 육신을 던져 죽음에게 내 주지만 머리만큼은 다치게 해서는 안 된다. 신앙을 버리고 예수 그리스도를 부정할 수 없기 때문이다. 주님을 직접 목격했던 증인들과 사도들도 그렇게 했다. 모든 사람들의 머리는 다름 아닌 예수 그리스도이기 때문이다.

고린도 전서 11:3

그러나 나는 너희가 알기를 원하노니 각 남자의 머리는 그리스도요 여자의 머리는 남자요 그리스도의 머리는 하나님이시라.

제19장

하나님은 내가 필요로 하는 것을 아시며
정확히 주신다.

아무래도 내가 끼어들어서 저 못된
갈매기로부터 빵을 빼앗아야지.

안 돼! 하나님께서는 참새들에게
필요한 식량을 이미 모두 주셨다.

갈매기와 참새

지금부터는 앞부분과 조금 다른 이야기를 해보려고 한다. 내가 최근에 본 무언가로부터 어떤 가르침을 얻었는데, 그 내용이 지금 이 글을 읽고 있는 이들에게 딱 맞는 시기에 전달되기를 바란다.

당시 나는 어느 바닷가 근처에서 일을 하고 있었다. 때로는 점심 식사를 챙겨서 바닷가 근처에 앉아 밀려오는 파도와 배들, 그리고 주변에 날아다니는 온갖 새들을 바라보곤 했다.

어느 아름답고 화창한 오후였다. 밖에 돌아다니는 사람들도 많았는데, 마침 나는 점심 식사를 하는 중이었다. 하늘을 날아다니다가 주변에 떨어져 있는 음식 부스러기 근처로 내려와 자리를 잡는 새들이 내 눈길을 끌었다.

이 흰색의 큰 새들은 갈매기였다. 매처럼 크지는 않았지만, 그 시절에는 갈매기가 가장 큰 새였다. 또한 그 주변에는 회색 비둘기들과 작은 참새들도 있었다. 이 새들은 모두 이곳저곳을 누비며 팔짝팔짝 돌아다니고 있었다. 사람들이 음식을 주는 것에 익숙해진 그 새들은 단순히 근처를 돌아다니는 것만으로도 음식을 얻어먹을 수 있다는 걸 알고 있었다.

나는 누군가가 놓고 간 딱딱한 빵 조각 하나를 몇 마리의 참새들이 쪼아 먹는 걸 보았다. 그 빵은 분명 딱딱하고 퍽퍽해 보였지만, 참새들은 그 커다란 빵 조각 주변에 모여서 어떻게든 쪼아 먹어 보려고 애를 썼다. 그 빵 조각이 거기 모여 있던 참새들보다도 더 컸기 때문에 아마도 며칠 동안 먹을 식량이 될 수도 있을 것이다.

그런데 그때, 참새들보다 적어도 10배는 더 커 보이는 갈매기 한 마리가 펄쩍거리며 다가왔다. 분명히 그 음식을 포착한 게 분명하다. 이 갈매기는 참새 무리 사이를 강제로 뚫고 지나가더니 빵 조각을 들어 올렸다. 허락을 받은 것도 아닌 데 말이다. 이 녀석은 그냥 걸어오더니 빵 조각을 덥석 물고 달아나버렸다.

참새들도 그 녀석에게 싸움을 걸거나 하지 않았는데, 이유를 확실히 알 것 같다. 참새들은 아마도 갈매기의 크기를 순간 파악한 뒤 적수가 못 된다는 것을 깨달았을 것이다. 그 참새들은 자기들 식량을 지키기 위한 전략을 짜지 않은 것 같았다. 그러니 무리를 지어 갈매기와 싸우려고 하지 않은 것이다.

이 광경을 보면서 나는 참새들이 매우 안타까웠다. 내가 갈매기를 쉽게 쫓아버릴 수 있었기 때문에 가까이 다가가 그 빵 조각을 집어 들고 참새들에게 돌려주고 싶었다. 아마도 내 안에 내재된 정의에 대한 갈망이 부당한 일을 겪은 이 참새들을 위해 무엇을 하라고 외쳤는지도 모른다.

하지만 나는 그렇게 하지 않았다. 나는 그저 계속 바라보기만 했다.

갈매기는 이 빵 조각을 들어 올리더니 부리로 계속해서 베어 물었다. 먹을 수 있을 때까지 천천히 부드럽게 만드는 중이었다. 갈매기는 계속 그걸 반복했다. 나는 갈매기가 그 빵을 부드럽게 만들지 못할 거라고 확신했다. 사실은 성공하지 못하기를 바라고 있었다. 참새들이 원래 자기네 것이었던 것을 되찾길 바랐기 때문이다. 그런데 믿기 힘들겠지만, 갈매기는 마침내 빵을 부드럽게 만드는데 성공했고 빵을 꿀꺽 삼켜 버렸다.

그리고 만족스러운 점심 식사를 마친 갈매기는 허공으로 날아가 버렸다.

그런데 참새들의 것이었던 음식을 갈매기가 먹어 버린 바로 그 자리에 참새들이 되돌아왔다. 그리고 아무런 괴로움도 드러내지 않고 갈매기가 딱딱한 빵을 먹으려고 애쓰다가 흘린 부스러기들을 주워 먹었다.

이 사건을 통해 나는 하나님의 위대하신 업적을 보았다. 비록 참새의 빵은 갈매기가 채갔지만, 참새들은 갈매기가 남긴 부스러기만으로도 충분히 먹을 식량을 얻었다.

참새와 갈매기의 모습을 보며 나는 '누가복음' 12장 6-7절에서 예수님께서 하신 말씀이 떠올랐다.

참새 다섯 마리가 두 1)앗사리온에 팔리는 것이 아니냐 그러나 하나님 앞에는 그 하나도 잊어버리시는 바 되지 아니하는도다
너희에게는 심지어 머리털까지도 다 세신 바 되었나니 두려워하지 말라 너희는 많은 참새보다 더 귀하니라

이 말씀이 나에게 특히 큰 가르침을 준 이유는 내가 하고 있던 일의 미래가 불확실하다는 사실을 막 알게 되었을 무렵이었기 때문이다. 내 일이 곧 끝날 가능성이 큰 상황이었다.

하나님께서 나에게 이렇게 말씀하시는 것 같았다.
'비록 갈매기가 몸집도 더 크고 참새의 식량을 훔쳤다고 하더라도 나는 참새를 잊지 않았다. 나는 참새에게도 먹을 것을 줄 것이다. 참새는 큰 빵 조각이 필요치 않다. 참새에게는 너무 많은 양이다. 갈매기가 먹고 남은 음식 정도면 참새에게 충분하다. 그러니 내가 참새를 잊지 않은 것이다. 나는 그들에게 필요한 것이 무엇인지를 알고 있고 그것을 줄 것이다.

같은 방식으로, 너무 많은 돈과 너무 많은 음식, 너무 좋은 집은 너에게 과분하다. 너는 그 모든 게 필요치 않다. 다른 이들이 끼어들어서 너의 일인 것처럼 보이는 것을 가져간다 해도,

그들의 위압적인 몸집(참새에 비교했을 때의 갈매기 같은) 때문에 모든 상황이 너에게 불가능해 보여도 두려워하거나 불안해하지 마라.

너는 내 안에서 잊히지 않았다. 나는 네가 필요로 하는 것이 무엇인지 알고 있고, 정확히 그걸 너에게 줄 것이다. 너는 분명 참새들보다 더 가치 있는 존재이다. 다른 이들과 비교했을 때 너는 부스러기만 가지게 될지 몰라도, 너에게는 그거면 충분할 것이다. 나는 너에게 매일 빵을 줄 것이고 네가 필요로 하는 것을 모두 줄 것이다!

이 글이 읽는 이들에게 위안이 되기를 바란다. 우리는 금전적으로나 육체적으로 힘든 시기에 살고 있다. 악마는 우리 안의 공포를 키워내기 위해 최선을 다해 이러한 환경을 만들고, 또한 하나님을 향한 우리의 믿음과 신뢰를 훔치려고 할 것이다. 우리의 믿음이 충분히 굳건하거나 강인하지 않다는 사실을 기억하자. 믿음이란 하나님을 향한 단순하면서도 바위처럼 단단한 의지이다.

히브리서 11장 6절

믿음이 없이는 하나님을 기쁘시게 하지 못하나니 하나님께 나아가는 자는 반드시 그가 계신 것과 또한 그가 자기를 찾는 자들에게 상 주시는 이심을 믿어야 할지니라

하나님께서 그분의 사람인 우리들로부터 이 의지를 발견하시길 바란다. 특히 이런 어려운 시기에 말이다. 이 세상에 있는 참새들을 다 합친 것보다도 더 많이 우리를 아끼시는 그분께 우리가 확신을 갖고 의지할 수 있기를 바라마지 않는다.

제20장

우리는 검은 양의 속성을 가지고 흰 양처럼
보이기를 원한다

내가 아름답고 매력적인 흰 양이었으면 좋겠다. 하지만 나의 겉모습은 평범하더라도 우리 아버지께서는 나를 흰 양만큼 많이 사랑하신다는 것을 알고 있다. 그러니 나는 흰 양만큼의 확신을 갖고 그분에게 다가가겠다.

흰 양과 검은 양

양은 성경에서 자주 언급되는 동물이다. 다윗은 양치기였고, 하나님께서 그의 목자(牧者)이시고 자신은 그분의 보호를 받는 양이라는 것을 깨달았을 때 그 유명한 시편 23편을 썼다.

예수님은 메시아의 모습으로 나타나셨고, 자신이 양들을 위해 자신의 삶을 내려놓은 선한 목자라고 선포하셨다.

우리는 양이다.

이사야서 53장 6절
"우리는 다 양 같아서 그릇 행하여 각기 제 길로 갔거늘 여호와께서는 우리 모두의 죄악을 그에게 담당시키셨도다."

그리고 선한 목자가 오셔서 우리를 죄악으로부터 구원하셨고, 그리하여 우리는 죄악에서 벗어난 삶을 살게 되었다. 그렇기에 우리는 우리 인간들과 예수님을 양과 양치기로 묘사하는 그림을 자주 보게 된다.

하지만 우리가 알다시피 양은 두 종류가 있다. 흰 양이 있고 검은 양이 있다. 티끌 하나 없는 흰 양은 외적으로 매력적이지만, 얼룩얼룩한 검은 양은 그다지 멋지지 않다. 따라서 흰 양은 관심을 많이 받지만, 검은 양은 보기에 그리 좋지 않기 때문에 종종 무시당하거나 관심을 받지 못한다.

자연 세계의 여러 측면이 바로 이와 비슷하다. "흰 양"은 관심을 받는다. 신체적으로 아름다운 이들이 주목을 받는다. 지적으로 훌륭하고 똑똑한 이들에게 귀를 기울이게 된다. 성격이 활달하고 카리스마 있고 외향적인 이들은 곧 재미있고 신나는 이들이다. 반면에, 신체적 매력이 없고, 그다지 지적이지 않고, 조용하고 수줍어하는 이들은 종종 존재감이 없이 여겨지거나 무시당한다.

많은 연구에 따르면 과도하게 버릇없거나 항상 말을 안 듣는 아이들은 대부분 그저 부모님이나 선생님의 관심을 끌려 하는 것이라고 한다. 그 아이들은 자신 그대로의 모습대로 있었지만 주목을 끌지 못했다. 그들은 조금이라도 관심을 받기 위해 할 수 있는 건 뭐든 한다. 학교의 어릿광대가 되거나 항상 문제를 일으키는 등, 비록 그 관심이 부정적인 관심이라도 말이다.

우리 중 몇몇은 자신의 특징(외모, 성격 등)들을 바탕으로 스스로를 검은 양으로 여기고 있을지 모른다. 하지만 그 내면과 종교 생활을 들여다보면 우리 중 많은 이들이 그보다 훨씬 더 나쁜 상태일 수 있다.

우리는 하나님과의 관계에서 "검은 양"과 같은 위치라는 것을 스스로 알 수 있다. 우리는 교회에 앉아서, 크리스천의 삶을 살고 있는 많은 "성스러운 이들"이 모여 있는 모습을 바라보며 찬양하는 이들의 얼굴 위로 눈물이 흘러내리는 모습을 바라본다. 또한 우리는 모든 자리에서 기도를 빼놓지 않을 정도로 열정적인 이들과 하나님의 말씀에 대해 너무나도 많은 것을 알고 있는 것 같은 이들의 모습을 볼 수 있다.

그런 이들은 종교적인 측면에서 보았을 때 우리에게 흰 양이고, 반면에 우리는 검은 양이다. 그들 중 일부는 자신의 신앙을 가장하고 있는 것 같은 느낌이 들 때도 있다. 정말 그럴 수도 있지만, 그들이 하는 행동을 따라 할 수조차 없다. 때때로 우리는 그들의 행동을 따라서 가장해 보려 하고 그게 한동안은 효과가 있는 것처럼 보이지만, 그리 오래는 할 수 없다. 우리가 계속해서 흰 양으로 남을 수는 없다. 결국 우리는 검은 양이고, 우리가 흰 양이 아닌데도 그런 척하는 것은 아주 힘든 일이다.

우리가 죄악에 맞서 싸우고 있다는 것을 스스로 알고 있지만, 우리가 성취하고자 하는 정도만큼의 강한 믿음을 가질 수는 없는 것을 알기에 우리는 끊임없이 충실하게 성경을 읽고 기도를 한다. 우리는 하나님 가까이에 있기 위해 정말 열심히 노력하지만, 몇 주가 지나고 나면 게을러지거나 속세의 무언가에 이끌리며 우리 개인의 이익 때문에 정신이 산만해질 것이다.

이 모든 것들을 생각하면 하나님께서는 언제나 아름답고 보기 좋은 존재인 티끌 없이 흰 양을 사랑하시는 만큼 우리를 사랑해 주실 수는 없는 것 같다는 확신이 든다. 하나님께서 우리를 사랑하시는 것은 분명하다. 하지만 아주 훌륭한 삶을 살고 있는 것 같은 이들, 항상 너무나 훌륭하고 깔끔하며 평범한 모습인 이들만큼은 사랑하지 않는 게 분명하다. 이게 바로 세상이 돌아가고 만물을 평가하는 방식이며, 분명 하나님께서도 이렇게 하실 것이다.

결론은 우리가 하나님으로부터 멀리 떨어져 있다는 것이다. 우리가 강인한 믿음을 갖지 못하는 것에 대해 다른 누구를 비난할 수도 없다. 우리가 보다 나은 존재가 되어야 한다는 것을 스스로 알고 있지만, 단지 그렇게 하는 것이 무척 어려울 뿐이다. 우리는 진심으로 예수님을 따르고 싶어 하지만, 왜 그렇게 항상 죄악에 굴복하게 되는 건지 알 수가 없다. 돌이켜 생각해보면 어리석어 보이지만, 동시에 거부할 수도 없는 일이다.

아버지의 집에서 멀리 떨어져 있는 우리의 모습은 마치 예수님께서 누가복음 15장에서 말씀하신 농장의 방탕한 아들의 모습과도 같다. 그는 자신의 잘못 때문에 돼지 밥을 먹는다. 자신의 실패에 대한 부끄러움 때문에 도저히 아버지의 집으로 돌아갈 용기가 나지 않았던 것이다. 그는 이미 유산을 모두 탕진해 버린 뒤였다. 아들이 생각하기로는 아버지의 집으로 돌아가서 자신을 받아들여 달라고 부탁하는 것이 너무도 염치없는 일이었다. 그는 자신에게 일어난 모든 일들을 겪어야 마땅했다.

우리도 마찬가지이다. 우리가 생각하기에 오랫동안 죄악의 황야에서 헤매 온 우리에게는 하나님의 온정이 닿지 않을 것이 분명하다. 또한 다른 "검은 양"들이 우리를 보면 쉽게 동질감을 느낄 것이다. 나는 심지어 지금도 내가 아버지의 유산을 허비해 버린 누가복음 15장의 아들과 같다고 느껴질 때가 있다.

나는 그런 생각을 수년간 해 왔다. 하지만 그럼에도 나는 계속해서 하나님의 곁으로 돌아가는 것을 배웠다. 예수님께서 이 세상에 오셔서 우리에게 보여주려고 했던 하나님 아버지의 진정한 모습이 보이기 때문이다. 애정 어린 아버지이신 하나님의 질책과 훈육이 아무리 가혹하더라도 적이 주는 달콤한 후식보다 훨씬 더 낫다. 그러므로 하나님으로부터 멀리 떨어진 채로 삶의 일시적인 쾌락을 즐기느니 차라리 그분의 곁에서 죄악의 대가를 감내하겠다.

하늘에 계신 아버지는 내가 함께 할 수 있는 가장 훌륭하신 분이다. 그렇기에 나는 그분을 따르기 위해 뒤돌아서 그분의 발 앞에 엎드린다. 그리고 이미 수백만 번도 더 반복한 말이지만 내가 얼마나 죄송한지 그분께 말씀드린다.

하나님께서 내가 함께 할 수 있는 가장 훌륭하신 분인 진짜 이유는 바로 이와 같다. 내가 죄악의 수렁에 빠져 하나님을 실망시키고 후회와 겸허함 속에 다시 그분께 돌아간다 하더라도, 하나님께서는 다시 권위의 반지를 내 손가락에 끼워 주시고 그 권위를 이용해서 내 과거의 모든 죄와 수치를 스스로 책망하라고 말씀해 주신다. 그분께서 이전에 이미 나에게 주신 백만 개의 반지들을 내가 이미 팔아넘겨 버렸는데도 그분께서는 나에게 이렇게 해 주신다.

그리고 그것도 충분하지 않은 것처럼, 하나님께서는 그분의 아들이 입던 가운을 나에게 다시 한 번 던져 주신다. 이전에 주신 백만 개의 가운을 내가 이미 더럽혔는데도 말이다. 그리고 그분께서는 또다시 기쁨을 느끼신다.

그분께는 이 모든 것들이 절대 질리지 않는다.

할렐루야! 할렐루야!

애가 3장 19-23절

"내 고초와 재난 곧 쑥과 담즙을 기억하소서 내 마음이 그것을 기억하고 내가 낙심이 되오나

이것을 내가 내 마음에 담아 두었더니 그것이 오히려 나의 소망이 되었사옴은 여호와의 인자와 긍휼이 무궁하시므로 우리가 진멸되지 아니함이니이다 이것들이 아침마다 새로우니 주의 성실하심이 크시도소이다"

『메시지』에는 이렇게 쓰여 있다.

"나는 절대 이 고난을, 완전한 상실감을, 재의 맛을, 내가 삼킨 독을 잊지 않을 것이다.

나는 그 모든 걸 기억한다. 너무나도 잘 기억한다. 바닥을 치는 그 느낌을 말이다.

하지만 내가 기억하는 것이 또 하나 있다. 그리고 그걸 기억하면서 희망을 꽉 붙잡는다.

하나님의 헌신적인 사랑은 사라지지 않는다. 그분의 자비로운 사랑은 메

마르지 않는다.

매일 아침 새롭게 만들어질 뿐이다. 얼마나 강한 신념인가"

젊은 남녀들이여, 아주 단순하게 말해 보겠다. 이 삶의 여정에 나와 함께 하며, 하나님의 진실을 경험해 보지 않겠는가?

제21장

만물을 창조하신 하나님의 무한한 능력이 나의
삶을 변화시키실 수 있다는 것을 깨닫는다

인간이여, 이 껍데기는 너무 구속적이다. 내 어깨에 이미 두 개의 날개가 돋친 것 같으니, 빨리 껍데기를 깨버려야겠다.

잠시 기다려라. 너를 변화시키는 일이 아직 끝나지 않았다. 내 일이 끝날 때까지 기다리면, 넌 가장 아름다운 나비가 될 것이다.

번데기와 나비

고등학교에서 생물학을 공부한 이들이라면 나비에 대해 알고 있을 것이다. 처음에는 알이 태어나고, 그 다음에는 애벌레가 되고 번데기가 되었다가, 마지막에는 아름다운 나비가 된다. 아마 내가 10살인가 11살이었을 때 이 변신 과정, 즉 변태(變態, 탈바꿈)에 대해 처음 배웠던 것 같다.

그리고 몇몇 사람들은 이 변태 과정이 또한 우리의 종교적인 여정

(旅程)에 대한 비유로 사용되는 것을 들어 본 적이 있을 것이다. 가장 흔하게 언급되는 종교적 비유는 하나님께서 우리 인간들을 느리고 추한 종교적인 애벌레 상태에서 힘들이지 않고 날 수 있는 아름다운 종교적인 나비 상태로 변신시키고 싶어 한다는 말이다. 이는 하나님께서 우리를 위해 세워 두신 계획을 아름답게 묘사한 것이다.

나는 애벌레로 사는 것에 대한 종교적 비유에 깊이 공감한다. 내 육신의 타락한 갈망을 생각해 보면 애벌레의 모습은 타락한 나의 모습에 딱 들어맞는다. 따라서 예수님을 따르고자 갈망하는 나는 내 삶과 비교했을 때 예수님께서 지니고 계신 아름다움이 나비가 지니는 아름다움과 비슷하다는 것을 알고 있다.

그런데 나는 이 생물학적 변태를 보며 조금 다른 가르침을 얻었다. 변태 과정의 마지막 두 단계, 즉 번데기와 나비에 관련된 것이다.

애벌레가 필요로 하는 영양분을 모두 갖춘 후에 이어지는 단계가 번데기 단계이다. 애벌레는 대부분의 시간을 한 가지 일을 하며 보낸다. 바로 먹는 것이다! 나비에게 필요한 모든 식량은 애벌레 단계에서 축적된다. 나비에게 필수적인 에너지와 신체를 구성하는 물질들이 바로 이 시기에 모인다. 필요한 모든 영양소를 모으고 나면 애벌레로서의 삶은 이제 끝나고 번데기가 될 준비를 마친 것이다. 번데기는 보통 움직일 수 없기 때문에, 주로 잎사귀 아래처럼 방해받지 않을 수 있는 곳에 자리를 잡는다. 겉에서 보면 번데기는 마치 쉬고 있는 것처럼 보인다. 하지만 그 안에서는 애벌레의 육체 곳곳이 엄청난 양의 변화를 겪고 있다. 애벌레의 모든 장기와 육체의 모든 부분이 해체되었다가 나비의 장기, 조직, 수족, 그리고 날개로 재형성된다. 그리고 변화가 끝나면 마침내 번데기의 껍질이 벗겨지고 성체 나비가 나타난다.

이 과정을 종교 생활에 대입하면 과연 어떤 가르침을 얻을 수 있을까?

나는 내 자신이 변신을 추구하는 과정에서 이 번데기 단계를 실패했음을 깨달았다. 나는 애벌레의 모습을 받아들였지만, 번데기의 단계가 얼마나 중요한지를 알지 못했다.

나는 변신을 갈망하는 믿음의 여정 속에서 더 열심히 노력해야 한다고 생각했었다. 나는 더 열심히 설교를 들으려 노력했다. 더 오랫동안 기도하려 노력했다. 더 오랫동안 성경을 읽으려고 노력했다. 많은 기도회에 나가서 특별한 기도를 해보려고 노력했다.

이 모든 게 잘 이루어졌다. 사실은 매우, 매우 좋았다. 그 후에 이어진 나의 종교적인 믿음의 삶에 서 아주 귀중한 과정이었다. 하지만 이 모든 게 예수님의 아름다움을 가지지 못한 나를 위한 해결책은 아니었다.

나는 나비의 초기 단계들을 살펴보고, 내가 하고 있던 모든 일들이 끊임없이 먹어대는 애벌레의 모습과 닮아있다는 것을 알았다. 나는 언젠가 중요하게 쓰일 영양분을 축적하는 중이었지만, 그 모든 영양분이 결국에 변태의 수단이 되지는 않았다.

내가 변태를 겪기 위해서는 먹는 것이 끝난 후에 번데기가 되어야 한다는 것을 깨달았다. 번데기 단계의 나는 휴식을 취하고 있는 것처럼 보인다. 마치 애벌레보다 훨씬 더 적은 움직임을 보이는 번데기처럼, 내가 예전에 하던 일들보다 더 적은 일을 하고 있는 것처럼 보인다. 하지만 그 안에서는 무언가가 벌어지고 있다. 신체의 모든 장기와 조직들이 고치의 장막 속에서 변화를 겪고 있다.

그때 나는 만물을 창조하신 하나님께서 무한한 능력으로 나의 삶을 변화시키실 수 있다는 것을 깨달았다. 예수님을 죽음으로부터 이끌어내신 그분께서는 엉망인 나에게 아주 쉽게 자신의 생명을 불어넣으실 수 있다.

　나는 반드시 번데기가 되어 그분 안에서 안식을 취해야 한다. 그렇기 때문에 나는 고치 안에서 휴식을 취하며 기다리다가 스스로의 힘으로 변신하려고 노력하지 않아도 된다. 번데기는 스스로 변신하지 않는다. 번데기 안에서 자연의 힘으로 그 일이 이루어지는 것이다. 번데기는 고치 안에서 쉬면서 기다리기만 하면 된다. 내가 하나님 안에서 휴식을 찾으면 그분께서 내 안에서 그걸 이루어 주실 것이다.

　말로는 아주 쉽게 들린다. 하지만 현실은 그렇지 않다. 영양분을 축적하는 과정이 끝나고 나는 고치가 나에게 아주 힘든 공간이라는 것을 깨달았다. 고치는 하나님께서 내 주위에 만들어 놓으신 구속적인 경계선이다. 그분께서는 나의 변신을 이루어 주실 수 있도록 그 안에 머무르며 가만히 누워 있으라고 말씀하신다. 그분께서는 나에게 징벌에 굴복하라고 말씀하신다. 그분께서는 내 삶에서 벌어지는 모든 상황들과 고난을 받아들이고, 과거의 모든 고통을 한쪽에 제쳐두라고 말씀하신다. 그분 안에서 안식을 찾는 방법을 배우라고 말씀하신다.

　번데기의 껍질은 분명 구속적이고 불편하며 심각하게 답답한 공간이다. 몸 안의 어떤 부분들에서 변화가 일어나는 것이 번데기 자신에게도 분명 느껴질 것이다. 그리고 번데기는 아직 미성숙한 상태인데도 이미 나비가 되었다고 성급하게 생각할 수 있을 것이다. 하지만 자연이 번데기를 통제하고 있는 것처럼, 하나님께서도 나의 변신을 통제하고 싶어 하신다.

그분은 내가 그분을 위한 일들을 덜 하더라도 차라리 더 많이 그분과 함께 하길 바라신다.

따라서 나는 하나님을 위해서 무언가 큰일을 하겠다는 야망을 모두 내려놓아야 한다. 나는 고치 밖으로 뛰쳐나와 이 죽어가는 세상을 구하겠다는 내 안의 욕구를 버려야 한다. 내가 지금 당장 어떤 성스러운 과제를 수행할 필요가 있기 때문에 이 변태 과정을 도중에 중단시키고 싶다는 충동을 버려야 한다. 하나님께서 가장 바라시는 것은 내가 가만히 있는 것이다.

내 자신의 삶과 주변을 둘러보면, 하나님께서는 그분의 고치(경계선) 안에 가만히 머물러 있으려는 젊은이들을 찾기 매우 힘들 거라는 사실을 알 수 있다. 자신의 안에 있는 모든 장기와 조직을 하나님께 바치고자 하는 젊은이들을 찾는 것은 무척 어려운 일이다. 그분께서 우리의 삶을 안에서부터 바꾸려 하실 때도 말이다.

나 자신도 이러한 변화를 잠시 경험해 본 적이 있다고 하나님 앞에 솔직히 말할 수 있다. 내가 하나님께 완전히 복종하고자 하는 마음을 지니고 있었고, 또 복종한 채로 있었을 때 그분께서 내 삶의 어떤 부분들에 신성한 생명을 가져다 주셨다. 내가 나 자신에 대한 확신이나 최근에 이룬 승리에 대한 몇몇 기록들을 바탕으로 스스로 날아 보려 했을 때 결국에는 앞으로 고꾸라지고 말았다. 내가 가만히 있기를 바라는 하나님의 바람에 저항하지 않아야 한다는 것을 여러 번의 실패를 통해 배웠다. 하나님께서 성령의 힘으로 나를 변화시키려 하실 때 평온한 순종 속에서 기다리는 것에 대해 나는 만족한다.

하지만 아직 망가져 있는 곳들이 여전히 많이 남아 있다. 하나님은 그런 부분들에 대해 같은 말씀을 하신다. "번데기 단계를 기억하라. 네가 마치 날개처럼 보이고 느껴지는 무언가를 가지고 날아갈 준비가 되었다고 생각하지 말라. 네가 나의 창조를 자랑하는 아름다운 피조물이 되기 위해 변태의 고치 밖으로 뛰쳐나올 준비가 되었다고 생각하지 말라. 나는 내가 무엇을 하고 있는지 알고 있다. 내가 너에게 하는 일이 끝나면 너의 아름다움은 형언할 수 없을 정도가 될 것이고, 그것이 스스로 해낸 것이 아니라는 사실을 분명히 알게 될 것이다!"

이 세상의 모든 기발한 생각들을 무시하고 또 모든 훌륭한 성직자들과 사명에 저항하려는 사람들의 숫자에 당신과 나도 포함될 것인가? 당신과 나는 하나님 안에 머물면서 안식을 찾으려 하는 사람들의 숫자에 포함될 것인가?

그리고 어느 날 하나님의 영광 덕분에 우리는 이 세상에 나서게 될 것이다. 하나님께서는 다채로운 색깔로 눈부시게 빛나고, 이 세상의 수많은 고난 사이를 힘들이지 않고 날아다니며, 아름다움이라는 단어의 의미에 완전히 새로운 차원을 더하는 아름다운 피조물을, 즉 우리 안에 있는 그분의 아름다움을 선보이실 것이다.

히브리서 4장 9절
"그런즉 안식할 때가 하나님의 백성에게 남아 있도다."

제22장

새로운 삶은 예수님과 함께

다시 시작하는 것이다

나는 이 죽어있는 세상과 일시적인 쾌락에 연관되고 싶지 않다. 나는 비둘기처럼 예수님의 곁에서 안식을 찾은 성령의 전당이기에, 나를 둘러싸고 있는 모든 죽음으로부터 스스로를 보호하겠다.

나는 이 세계의 죽은 것들을 먹고 산다. '노아의 방주'에 사는 것에 지쳐 있었다. 이 속세로 돌아가서 이렇게 맛있는 사체들을 먹게 되어 기쁘구나)

까마귀와 비둘기

성경을 아는 이들에게는 아마도 잘 알려진 이야기일 것이다. 그렇다 하더라도 이 이야기가 지니는 종교적 의미에 대해 우리는 다시금 생각해 볼 필요가 있을 테니 여러분과 함께 이야기를 나누어 보겠다.

하나님께서 노아와 그의 가족을 방주(方舟)에 태우셨을 때, 그분은 전례 없는 홍수로 이 세상의 넘치는 사악함을 심판하셨다. 이 홍수는 모든 인간들을 죽였을 뿐만 아니라 방주에 타고 있던 것들을 제외한 동물들까지도 모두 죽게 만들었다. 40일이 지난 후에야 비는 멈추었고 서서히 물이 빠지기 시작했다.

밖을 내다본 노아는 산이 보이자 상황을 파악하기 위해 까마귀를 날려 보냈다. 성경에는 이렇게 적혀 있다.

창세기 8장 7절

"까마귀를 내놓으매 까마귀가 물이 땅에서 마르기까지 날아 왕래하였더라."

까마귀는 돌아올 줄을 몰랐다. 물 위에 떠오른 죽은 동물 시체들을 보니 자신이 먹고 사는데 필요한 모든 것을 갖게 되었다고 생각한 모양이었다.

그 후 노아는 바깥 상황을 파악하기 위해 비둘기를 날려 보냈고, 비둘기는 정착할 곳이 없다는 것을 발견하고는 노아에게 돌아왔다. 아직 사람이 살 만한 상황이 아니었던 것이다. 일주일 후 노아가 다시 비둘기를 날려 보냈을 때, 비둘기는 역시나 다시 돌아왔지만, 이번에는 갓 나무에서 딴 올리브 잎을 물고 왔다. 식물 생태계가 새롭게 싹틔우기 시작했다는 증거였다. 다시 한 주가 지난 후, 노아는 세 번째로 비둘기를 날려 보냈고 이번에는 비둘기가 돌아오지 않았다. 이 지구가 비둘기 스스로 살아갈 수 있을 정도의 상태라는 것을 알게 된 것이다.

방주 밖으로 날아간 까마귀가 돌아올 필요가 없었던 이유는 물 위에 떠다니고 있었을 죽은 인간과 동물시체들 사이에서 자기가 먹을 만한 식량을 찾아냈기 때문이었다. 까마귀는 산의 갈라진 틈 속에 집을 짓고 근처에 있는 사체들을 먹으며 살 수 있었다. 엄청난 홍수로 인해 꽤 오랫동안 수많은 사체들이 주변에 널려 있었다.

하지만 비둘기는 죽은 시체를 먹는 새가 아니었다. 비둘기는 살아있는 식물을 먹었다. 인간과 동물의 썩은 시체는 비둘기에게 매력적인 식량이 아니었다. 그렇기 때문에 비둘기는 자신이 생존할 만한 환경을 찾을 수 있을 때까지 계속해서 방주로 돌아온 것이다.

홍수 속에서 살아남은 노아의 이야기가 세례에 대한 비유라고 생각해 보자. 베드로는 그의 편지 '베드로 전후서'에서 이 둘을 비교한다. 노아가 홍수를 뚫고 새로운 삶을 시작한 것처럼, 우리도 그리스도를 받아들임으로써 새로운 삶을 시작하게 된다. 세례의 전통은 이 내면의 선택을 겉으로 표현하는 행동이다. 우리는 예수님과 새로운 삶을 시작하는 것이다. 새롭다는 것은 곧 죽음과 그 후의 부활을 의미한다.

이 새로운 삶을 시작할 때 우리에게 가장 첫 번째로 주어지는 질문은 이것이다. 우리의 삶을 통제했던 이 속세의 죽은 것들을 먹고 살 것인가, 아니면 하나님의 신선한 말씀으로 매일을 살아갈 것인가? 노아의 까마귀가 그랬던 것처럼, 이 세상의 썩고 부패한 것들을 먹는 삶을 택할 것인가? 아니면 성령으로 가득한 삶 속에서 하나님의 말씀과 약속을 통해 살아가기를 택할 것인가?

이 상황에서 노아는 우리의 선례이다. 노아는 방주를 떠날 때가 되었을 때 바로 결정을 내린 것이 아니었다. 그가 날려 보낸 까마귀가 돌아오지 않자 노아는 방주를 떠나지 않았다. 오늘날 종교인의 전형이라고 할 수 있는 노아는 이 세상에서 죽어서 썩고 부패한 것들을 소비할 생각이 없었다. 그는 자신이 살 수 있는 새로운 삶의 터전이 만들어질 때까지 방주를 떠나지 않을 생각이었다.

지금 우리에게는 노아가 했던 것과 같은 종류의 선택을 내릴 기회가 주어졌다. 우리 중 예수님을 따르기로 선택한 이들은 이 속세에서의 죽음을 공적으로 나타내기 위해 첫째로 세례를 선택한다. 하지만 그건 시작일 뿐이다. 첫 번째 단계에 불과하다.

우리는 세례의 바다와 교회 모임 밖으로 나와서 일상속으로 들어간다. 그곳이 바로 우리가 성령과 함께 하는 새로운 삶을 시험받는 곳이다. 매일 매 순간 우리는 무엇을 볼지, 무엇을 들을지, 누구와 함께 시간을 보낼지, 무엇을 가치 있게 여길지, 무엇을 목표로 할지 등 일상의 소소한 선택들을 통해 그리스도와 함께 하는 새로운 삶에 대한 시험에 부딪친다.

어떤 이들은 이 부분에서 비참하게 실패한다. 우리가 오래전에 세례를 받고 예수님을 따르는 삶을 살기로 했더라도, 우리 삶 속에 체현되어 있는 죽은 체제와 이 세상을 계속해서 거부해 오지는 않았다는 사실은 인정해야 한다.

만약 그렇다면 우리는 이 이야기의 까마귀와 같은 존재가 아닐까 싶다.

우리는 자신의 진짜 모습이 어떤지를 솔직하게 깨닫고 그에 대해 진심으로 죄책감을 느껴야 한다. 우리는 현재와 같은 삶의 모습에 대해 심각한 혐오감을 느껴야 한다. 하지만 단지 죄책감을 느끼는 것에서 끝나는 것이 아니다. 우리는 또한 새로운 방식의 삶을 살아가는 것을 능동적으로 선택해야 한다. 성경에 등장하는 '회개'라는 단어의 의미가 바로 이것이다.

따라서 우리는 비둘기와 같은 존재가 되기 위해 하나님을 따라야 한다. 그것은 곧 그분께서 우리를 성령으로 가득 채우시고, 그분께서 원하시는 것이 우리의 마음을 지배할 수 있게 해달라고 기도해야 한다는 뜻이다. 우리가 성령의 규칙에 순응한다면, 그분께서는 비둘기와 같은 순수함을 향한 점점 더 커지는 갈망을 우리에게 주실 것이다. 또한 그분께서는 언제나 우리와 함께 하심으로써, 예수님의 열정과 바람을 얻도록 해주고, 대신에 우리 자신의 생각과 야망을 기꺼이 버릴 수 있도록 해주신다.

하나님께서 우리를 도우시길 빌며.

『피지올로구스』 제27장 '까마귀'의 내용은 다음과 같다.

예레미야는 예루살렘에 대해 이렇게 말했다. "사막에 숨어있는 까마귀처럼 너는 한길 가에 앉아 정부를 기다렸다." 박물학자 피지올로구스는 까마귀가 정절을 간직하는 새라고 말한다. 수컷이 죽더라도 암컷은 새로운 짝을 찾아나서는 일도 없으며 그 반대도 마찬가지다.

유대인들이 지상의 예루살렘이라고 부르는 시나고그(synagogue, 회당)도 이와 마찬가지이다. 유대인들은 그들의 주님을 죽음으로 내몰았다. 이로써 그리스도를 두고 이제는 그들의 남편이라고 할 수 없게 되었다. 그것은 내가 순결한 처녀인 여러분을 오직 한 남편 그리스도에게 바치려고 정혼을 시켰기 때문이다.('고린도후서' 11; 2) 그러나 그들은 돌과 나무를 섬기면서 음란을 피웠다. ('예레미아서' 3; 9)

우리가 한 남편만을 마음속에 간직하고 있는 동안에는 감히 마귀가 숨어들어 정절을 훼손하는 일이 없다. 그러나 남편의 말씀을 영혼의 자리에서 몰아낸다면 원수가 어느새 그 자리를 꿰차고 잇을 것이다. 그러므로 이스라엘을 지키는 파수꾼은 졸지도 잠들지도 말아야 한다. 그리하여 영적인 집안으로 도둑이 들지 않도록 조심해야 한다.

깨끗한 동물과 더러운 동물

'레위기'를 한 번도 읽어 보지 않은 사람들이 많을 것이다. 심지어 읽어 본 적이 있는 사람들 또한 그 책이 지니는 실용적이고 종교적인 가치는 그리 크다고 여기지 않았을 것이다.

그 책에는 오늘날의 사회와 무관한 법과 규칙들이 등장하지만, 꽤 납득할 만한 것들이 많이 들어있다. 예를 들면, 종교적인 목적 때문이 아니라 건강과 관련된 목적으로 그 책에 쓰인 내용들이 있다. 황야를 떠돌며 살아가던 사람들에게는 위생 유지가 필요했기 때문에 그런 것들에 대해 적어 놓을 필요가 있었다. 하나님께서는 우리가 신체적으로 건강한 삶을 살기를 바라신다는 걸 알 수 있다.

하지만 종교적인 상황에 대입할 수 있는 내용들도 있다. 나는 그런 내용들에 대해 이야기해보려고 한다.

'레위기'에 쓰인 내용 중 하나는 깨끗한 동물과 더러운 동물의 정의이다. 고대 히브리인들이 깨끗한 동물과 더러운 동물을 구분하는데 사용했던 몇 가지 기준들이 있었다.

- 모든 짐승 중 굽이 갈라져 쪽발이 되고 새김질하는 것은 너희가 먹되 (레위기 11장 3절)
- 물에 있는 모든 것 중에서 너희가 먹을 만한 것은 이것이니 강과 바다와 다른 물에 있는 모든 것 중에서 지느러미와 비늘 있는 것은 (레위기 11장 9절)

하지만 신약성경에서는 이 기준들이 물리적인 측면에서는 더 이상 우리에게 적용되지 않는다는 사실을 알 수 있다. 하나님께서는 사도행전 11장에서 베드로에게 이 내용에 대해 명확히 말씀하셨다. 따라서 예를 들면 '레위기' 11장에서는 돼지를 더러운 동물로 분류하고 있지만, 기독교인들은 돼지고기를 먹는 것이 허용된다.

하지만 나는 더러운 것과 깨끗한 것을 분리하는 이 철학이 종교적으로 대입될 수 있다고 생각한다. 내가 이 내용이 지니는 의미에 대해 완고한 태도를 취하고 있는 것은 아니지만, 여러분이 하나님과 그분의 생각을 더 잘 이해하는데 도움이 된다면 여러분도 이 내용으로부터 교훈을 얻길 바란다.

나는 위 내용에 언급된 분리 기준들을 바탕으로, 나 자신을 종교적으로 깨끗하게 만들 수 있는 4가지 원칙을 배우게 되었다.

- 되새김질하기
- 발굽의 틈 벌리기
- 비늘을 유지하기
- 지느러미를 유지하기

– 되새김질하기

> 이 음식을 모두 다 씹은 것 같지 않은데.

이것은 동물들이 먹는 음식을 씹는 행위이다. "되새김질"이란 동물들이 처음에 씹어 삼킨 음식을 역류시켜서 조금 더 씹어 넘기는 행위를 지칭한다. 그렇게 하면 그 음식이 아주 잘 씹혔다는 것을 확실히 할 수 있다.

하나님의 말씀은 나에게 정신적인 양식이다. 예수님께서는 유혹을 마주한 채 악마에게 이 점을 분명히 말씀하셨다. 마태복음 4장 4절은 하나님의 말씀을 씹고 또 씹는 것은 그분의 말씀에 대해 자주 묵상한 다는 것을 의미한다. 내가 그분의 말씀을 처음 듣고 그에 대해 충분히 생각해 보았더라도, 내 마음속에 있는 그분의 말씀을 이후에 다시 꺼 내어 더 깊게 숙고해야 할 것이다.

또한 나의 주인께서 그분의 말씀 한 구절을 통해 나를 배불리 해주 었다고 느끼더라도, 내 마음의 중심에 있는 그 구절을 다시 불러내 필 요하다면 나에게 더 많은 것을 보여 달라고 나의 주인께 간청할 준비가 되어있다. 이것이 내가 하나님의 말씀을 계속 곱씹어 삼키는 방식이다. 이것이 내가 하나님의 말씀을 단순히 읽고 이해하는 것이 아니라 그에 대해 묵상하는 방식이다.

이것이 내가 깨끗함을 유지하는 방법이다. 나는 하나님의 말씀을 여 러 번 씹어 삼킨다. 버스 정류장으로 걸어갈 때, 샤워를 할 때, 잠자리 에 들 때, 그리고 일터로 향하는 그 어떤 순간에도 말이다.

- 발굽의 틈 벌리기

> 네 발굽의 단단한 부분을 모조리 부수고 싶다. 그러면 넌 이 망가진
> 세계 속을 걸어갈 때 나의 예민함을 느낄 것이다.

'레위기'의 구절 중 중요하게 주목해야 할 내용은 되새김질을 하고
또한 발굽의 틈이 벌어져 있는 동물만이 깨끗한 동물이라는 것이다.
단지 되새김질을 하는 것만으로는 충분하지 않다. 갈라져 있는 발굽

또한 갖추고 있어야 한다.

  하나님의 말씀을 씹어 삼키는 것은 그 말씀을 실제로 실천해 나가는 것, 그리고 그를 통해 하나님께서 내 삶의 가장 단단한 부분을 깨트리시는 것이 뒤따라야 한다는 뜻이다. 발굽은 동물의 신체 중에서 가장 단단한 부위이다. 내 삶에서 그 틈을 벌릴 수 없을 것 같은 단단한 영역까지도 하나님께 완전히 복종해야 하는 것이다. 내가 하나님의 말씀을 여러 번 곱씹어 넘기는 역할을 충실히 할 때 그 단단한 영역은 성령을 통해 갈라져 틈이 벌어질 것이다. 로마서 8장 13절, 이것이 내가 깨끗함을 유지하는 방법이다.

  발굽이 갈라져 있지만, 되새김질은 하지 않는 동물 또한 깨끗한 동물이 아니다. 전능하신 하나님의 도움 없이 나 자신의 힘만으로 내 삶에서 바위처럼 단단한 부분을 부드럽게 만드는 것도 아무런 이득이 없는 행동이다. 기독교인의 삶은 단순한 자기 부정이 아니다. 하나님의 말씀을 씹어 삼키는 것은 자아의 죽음과도 같고, 그 후 부활을 통해 얻게 된 삶 속에서 우리 마음의 단단한 부분은 모두 성령의 거대한 힘으로 갈라지고 만다.

– 비늘을 유지하기

> 나는 비늘이 있다는 사실에 너무나 감사하다. 이 바다속의 모든 쓰레기가 내 몸속에 들어오게 두었다면 나는 지금쯤 죽어 있을 것이다.

> 물은 내게 남쪽으로 가라 말한다. 하지만 예수님은 북쪽에 계신다. 나의 강한 지느러미 덕분에 내가 가야 하는 방향으로 나갈 수 있다.

비늘은 물고기의 몸을 보호하는 역할을 한다. 비늘은 물고기를 죽일 수도 있는 물속의 해로운 요소들로부터 물고기를 보호한다. 내가 살고 있는 세계는 나를 하나님으로부터 멀리 끌어내어 죽게 만들려고 하기 때문에, 나는 비늘을 유지해 이 세계의 영향력으로부터 항상 스스로를 보호해야 한다.

로마서 12장 2절

너희는 이 세대를 본받지 말고 오직 마음을 새롭게 함으로 변화를 받아 하나님의 선하시고 기뻐하시고 온전하신 뜻이 무엇인지 분별하도록 하라

이것은 모두가 알고 있는 내용이지만, 내가 여기서 강조하고 싶은 것은 오로지 이 세계의 체제가 나의 종교 생활에 대한 적이라고 생각될 때만 보호용 비늘을 유지하기 위해 노력할 것이라는 점이다. 이 세상의 체제가 나에게 친구 또는 이득이 되는 동반자라고 여긴다면 그 체제의 공격에 맞서기 위한 방어를 하지 않을 것이다. 나는 이 세상이 나에게 위험한 적이라고 늘 상기시켜 주는 하나님의 말씀을 여러 번 곱씹어 삼켜야 한다.

하나님의 말씀에 따르면

마태복음 6장 24절
한 사람이 두 주인을 섬기지 못할 것이니

고린도후서 4장 4절
그중에 이 세상의 신이 믿지 아니하는 자들의 마음을 혼미하게 하여 그리스도의 영광의 복음의 광채가 비치지 못하게 함이니

갈라디아서 6장 14절
그러나 내게는 우리 주 예수 그리스도의 십자가 외에 결코 자랑할 것이 없으니 그리스도로 말미암아 세상이 나를 대하여 십자가에 못 박히고 내가 또한 세상을 대하여 그러하니라.

이 진실들을 씹어 삼키고 그에 대한 내 마음을 새로이 할 때마다, 나는 이 세계에 맞서 나 스스로를 보호할 수 있는 갑옷을 보다 강하게 만드는 방법을 배운다.

– 지느러미를 유지하기

지느러미는 물고기가 물속에서 헤엄칠 수 있게 해준다. 내가 이 세계에서 살아갈 때도 내가 가고자 하는 쪽으로(그리스도에게 더욱 가까이) 움직일 수 있게 해주는 정신적인 지느러미가 필요하다. 내가 살고 있는 세계의 체제가 그것을 원하지 않더라도 말이다.

물고기는 단순히 물속에서 움직이기 위해 지느러미가 필요하지는 않다. 물고기가 살고 있는 물 자체는 흐르고 있기 때문에, 물고기는 지느러미를 이용하건 아니건 상관없이 어떻게든 움직일 것이다. 하지만 지느러미가 없는 물고기는 물이 흐르는 방향으로만 움직일 것이고, 결국 물고기 자신이 먹이를 찾기 위해 향하고 싶은 방향이 아니라 물이 이끄는 쪽으로 향할 것이다. 물고기가 물이 흐르는 방향과 다른 쪽으로 헤엄치고 싶다면 제 기능을 하는 지느러미가 필요하다. 급류를 거슬러 헤엄치기 위해서는 강하고 잘 발달 된 지느러미가 필요하다. 쇠퇴했거나 발달이 덜 된 지느러미는 아무런 소용이 없을 것이다.

마찬가지로, 이 세상의 체제가 흐르는 방향과 반대로 헤엄치기 위해서는 나도 정신적인 지느러미를 지녀야 한다. 따라서 나는 이 세상의 체제가 내 안에 스며드는 것을 막아야 할 뿐만 아니라(이 부분에서는 비늘이 도움이 될 것이다) 체제의 흐름과 반대로 헤엄쳐야 한다. 나는 이 세계의 우선순위와 가치에 따르는 것을 한사코 거부해야 한다. 나의 신체적인 외모, 부, 명성, 지위 등으로 나를 정의하려 하는 이 세계의 조류와 반대로 헤엄치기 위해 나의 정신적인 지느러미를 열심히 단련시켜야 한다.

  우리가 이 세상에서 살아갈 때 좀 더 하나님과 닮을 수 있도록 그분께서 우릴 도우시길 기도해본다!

부 록 동물들이 등장하는 『성경』의 10구절

- 그리고 하나님은 동물들을 통해 인간들에게 말하려는 속내는 과연 무엇인가

창세기 1: 21:

"하나님이 큰 바다 짐승들과 물에서 번성하여 움직이는 모든 생물을 그 종류대로, 날개 있는 모든 새를 그 종류대로 창조하시니 하나님이 보시기에 좋았더라."

- 하나님은 공작에서 마귀상어에 이르기까지 모든 것들을 만들어낼 만큼 창조적일 뿐만 아니라, 자신의 피조물이 모두 선하다고 확신했다 우리를 포함해서 말이다.

예레미야 8: 7:

"공중의 학은 그 정한 시기를 알고 산비둘기와 제비와 두루미는 그들이 올 때를 지키거늘 내 백성은 여호와의 규례를 알지 못하도다."

– 동물들은 계절이 어떤 계절인지, 그리고 생존의 변화에 어떻게 반응해야 하는지 본능적으로 알고 있지만, 사람들은 동물보다 직관이 좀 떨어진다. 우리는 하나님의 요구 사항이 무엇인지 알고는 있지만, 아직도 항상 따르지는 않는다. 어쩌면 우리는 우리 자신의 코보다 더 후각에 민감한 '개가 되어' 하나님이 이끄는 대로 응해야 할 필요가 있을지도 모른다.

누가복음 12: 24:
"까마귀를 생각하라 심지도 아니하고 거두지도 아니하며 골방도 없고 창고도 없으되 하나님이 기르시나니 너희는 새보다 얼마나 더 귀하냐!"

– 우리는 하나님에게 중요하다! 그리고 하나님이 새들에게 물어볼 필요도 없이 옷(깃털)을 입혀주고 먹이를 주는 것을 볼 때, 하나님이 우리를 위해서도 같은 일을 할 수 있고, 또 기꺼이 할 수 있을 거라고 믿는다. 하나님이 창조한 새들처럼, 노래로 하나님을 찬양하라!

잠언 12: 10:
"의인은 자기의 가축의 생명을 돌보나 악인의 긍휼은 잔인이니라"

- 하나님은 우리가 동물을 돌보는 방식에 관심을 가지신다. 그러니 우리가 의롭기를 바란다면 우리는 그분의 피조물을 돌봐야만 할 듯싶다. 동물과 다른 사람들에 대한 잔인함은 사악함의 징표이다.

시편 104: 21-22:
"젊은 사자들은 그들의 먹이를 쫓아 부르짖으며 그들의 먹이를 하나님께 구하다가 해가 돋으면 물러가서 그들의 굴 속에 눕고"

- 사자들이 먹잇감 가까이에서 으르렁거린다면 틀림없이 굶주린 채로 있을 것이기 때문에 이것은 매우 이상한 대목이다! 여기서의 의미는 사자들이 자기들의 욕구를 충족시키기 위해 신에게 포효한다는 것이다. 그들은 하나님을 찾는 것이다. 우리도 이 털북숭이 친구들의 예를 따라보자.

창세기 1: 26:
"하나님이 이르시되 우리의 형상을 따라 우리의 모양대로 우리가 사람을 만들고 그들로 바다의 물고기와 하늘의 새와 가축과 온 땅과 땅에 기는 모든 것을 다스리게 하자 하시고."

- 우리는 물고기, 새, 동물을 지배하도록 만들어졌지만, 큰 힘을 가진 사람에게는 그만큼 큰 책임이 따른다. 지배는 무자비함과 같지 않다! 하나님의 창조물을 공경하듯이 우리는 그분을 공경한다.

잠언 6: 6-8:

"게으른 자여 개미에게 가서 그가 하는 것을 보고 지혜를 얻으라. 개미는 두령도 없고 감독자도 없고 통치자도 없으되 먹을 것을 여름 동안에 예비하며 추수 때에 양식을 모으느니라."

- 개미는 정말로 인상적인 동물이다. 이 지구상에서 개미보다 더 부지런하거나 공동체 의식을 가진 존재를 생각하기 어렵다. 우리는 이 작은 곤충뿐만 아니라 하나님이 우리에게 준 놀라운 동물 왕국의 온갖 곤충들로부터 많은 것들을 배울 수 있다.

욥 12: 7-10:

"이제 모든 짐승에게 물어 보라 그것들이 네게 가르치리라 공중의 새에게 물어 보라 그것들이 또한 네게 말하리라. 땅에게 말하라 네게 가르치리라 바다의 고기도 네게 설명하리라. 이것들 중에 어느 것이 여호와의 손이 이를 행하신 줄을 알지 못하랴 모든 생물의 생명과 모든 사람의 육신의 목숨이 다 그의 손에 있느니라.”

- 동물들이 하나님의 놀라운 예비와 독창성을 인식하듯이 우리도 그
래야 한다. 우리에게 생명을 주고 우리를 지탱해주시는 하나님에게 감
사하며 살아야 한다. 여러분이 꾸준히 그렇게 하지 않는다면, 동물들
에게서라도 배우고 그들이 하나님을 어떻게 찬양하는지 한번 살펴보
라. 그러고 나서 그와 같은 일을 할 수 있는 창의적인 방법을 생각해보
라!

시편 8: 6-9:

“주의 손으로 만드신 것을 다스리게 하시고 만물을 그의 발아래 두
셨으니 곧 모든 소와 양과 들짐승이며 공중의 새와 바다의 물고기와
바닷길에 다니는 것이니이다. 여호와 우리 주여 주의 이름이 온 땅에
어찌 그리 아름다운지요!”

- 우리는 모든 생명체를 지배하고 있지만, 누가 우리를 지배하고 있
는지를 절대 잊지 말자. 우리는 모두 하나님 나라의 시종이며, 그를 섬
기기 위해 살아간다. 그는 왕들의 왕이고 영주들의 영주이기 때문에
그분의 이름은 장엄하다. 우리는 그분이 창조한 것만을 지배한다. 얼

마나 겸허한 생각인가…

시편 148: 7-12:

"너희 용들과 바다여 땅에서 여호와를 찬양하라. 불과 우박과 눈과 안개와 그의 말씀을 따르는 광풍이며 산들과 모든 작은 산과 과수와 모든 백향목이며 짐승과 모든 가축과 기는 것과 나는 새며 세상의 왕들과 모든 백성들과 고관들과 땅의 모든 재판관들이며 총각과 처녀와 노인과 아이들아."

- 바다와 구름이 하나님의 임무를 수행한다고 생각하니 놀랍지 않은가? 그리고 나무와 새와 소도 그런 임무에 동참하고 있다고? 때때로 우리는 목적을 위해 창조된 것은 우리 인간들뿐이라고 생각하지만, 하나님은 그보다 훨씬 더 창조적이다. 당신의 목적이 무엇인지 모르겠다면, 오늘 당장 그분에게 물어보는 게 어떨까?

* 위 구절들의 번역은 모두 '개역개정판'에 따랐다.